素描徐悲鸿

搭车费钱付
川资信手
涂增一赞
马交亨
车夫去
芜现惊获车资奶天价

辛卯春
李岚清

"百年巨匠"素描 / 李岚清 绘

百年巨匠
Century Masters

徐悲鸿

李海培 ◎ 著

文物出版社

图书在版编目（ＣＩＰ）数据

徐悲鸿 ／ 李海培著． —— 北京 ：文物出版社，2017.9
（2018．7重印）
（百年巨匠）
ISBN 978－7－5010－5204－2

Ⅰ．①徐… Ⅱ．①李… Ⅲ．①徐悲鸿（1895－1953）－传记 Ⅳ．①K825.72

中国版本图书馆CIP数据核字(2017)第202516号

百年巨匠·徐悲鸿

著　　者　李海培

总 策 划　刘铁巍　杨京岛
责任编辑　刘铁巍　张朔婷
封面设计　子　旆
责任印制　张道奇
责任校对　李　薇

出版发行　文物出版社
社　　址　北京市东直门内北小街2号楼
网　　址　http://www.wenwu.com
邮　　箱　web@wenwu.com
制版印刷　北京图文天地制版印刷有限公司
经　　销　新华书店
开　　本　710×1000　1/16
印　　张　13.25
版　　次　2017年9月第1版
印　　次　2018年7月第2次印刷
书　　号　ISBN 978－7－5010－5204－2
定　　价　49.80元

宣传巨匠推广大师 为时代树立标杆

蔡武

文化部原部长 《百年巨匠》总顾问

　　文化精品创作工程包括重大出版工程、影视精品工程。《百年巨匠》就是跨界融合的一个重大文化工程，它深具创意，立意高远，选题准确、全面，极富特色，内容精彩纷呈，内涵博大精深，基本涵盖了我国20世纪这一特定历史时期在文学艺术方面的成就及其代表人物。它讲述的不仅仅是各位巨匠的传奇人生，更是他们的文学艺术成就同民族、国家，同历史、文化，同当代世界，同20世纪风云激荡的年代，以及同人民的命运都是紧密相连的。他们的成就对整个社会产生了重要而深远的影响。因此，立足21世纪的当今，系统全面科学解读巨匠人生与大师艺术，有着特殊而积极的意义，是社会和时代的要求。

　　作为一个有影响力的文化品牌，《百年巨匠》的表现形式也是多样的。《百年巨匠》丛书和纪录片互动互补，是出版界与影视界的跨界合作与融合发展，形成了叠加影响和联动效应，进一步丰富和扩大了品牌的内涵和外延。在信息社会"四屏"时代，用这样的一种方式来表达重大深刻的主题，具有重大的创新意义，是对中华优秀文化传承发展进行创造性转化、创新性发展的成功探索。体现出强烈的历史感、时代性、民族性，具有鲜明的中国特色，必将产生深远的影响。

一个民族自立于世界民族之林，离不开民族的自信心与自尊心。而民族的自信心和自尊心有其思想基础和人文轨迹，即对民族文化的重要代表人物和优秀传统应当有比较全面的了解并进行广泛传播。一个国家的历史需要记录，文化艺术同样如此。《百年巨匠》丛书秉承文献性、真实性、生动性原则，客观还原大师原貌，以更为宏阔的历史维度对大师们所经历的时代给予不同视角的再现和解读，为读者开启一扇连接20世纪中国近现代文化艺术史的大门。

巨匠们的艺术成就、人生经历、精神高度，彰显了中华民族文化在这个时代所能达到的高度，不仅有文学艺术上和文化史上的价值，而且有人文思想美学上的划时代性贡献。《百年巨匠》可以增强我们的文化自信和实现中华民族伟大复兴的意志。

《百年巨匠》还有一个重要意义，它能够激励我们后来人砥砺奋进，勇攀高峰。这些文化艺术巨匠有着深厚的爱国情怀和强烈的民族责任感，他们将个人荣辱兴衰与国家、民族命运联系起来，用文化艺术去改变现实，实现理想。在新旧道德剧烈冲撞中，他们所表现出来的高风亮节是后来人的楷模。他们所传导出的强大正能量，会激励一代又一代广大读者，对促进我们整个民族新一代的教育与成长，有着非常重要的启迪意义。他们的精神是引领和鼓舞我们再出发的航标与风帆。

《百年巨匠》也给了我们很多的启示，可以帮助我们回答和破解"钱学森之问"。20世纪产生了那么多的人师，新世纪、新时期我们应该如何助推产生出新的大师？这些巨匠的成长轨迹给我们揭示了大师们成长的规律，如要深具家国情怀，要胸怀高远理想；要深深扎根于人民，与人民同呼吸共命运；既继承民族优秀传统文化，又要勇于创新；并以非常包容的心态去拥抱一切文明成果等。

《百年巨匠》仅反映了20世纪百年的文化形态和人文生态，我们应该把这个事业延续下去，面向21世纪。对艺术大师的发掘是通过他们的作品来体现的，而他们的作品既是中华文化的传承，又进一步丰富、创新了中华文化的构成。从这个意义上讲，宣传这些艺术巨匠就是弘扬中华文化。这些艺术巨匠作为中国名片，拥有较强的国际影响力，这一工程的推进，可以有效推动中华文化和中国出版走出去。不仅仅局限于艺术领域，还可以从广度上、外延上扩大至整个文化领域，甚至把科技、教育等领域的巨匠们也挖掘展示出来。

一个国家文化事业的繁荣与发展，既需要广大艺术家的努力，也需要大师巨匠的引领。宣传巨匠，推广大师，为时代树立标杆，无疑是我们责无旁贷的历史责任。巨匠之所以是巨匠，大师之所以能成为大师，是因为他们以具有强烈时代感和创新精神的作品站在了巅峰。而他们巨作的背后，是令人钦佩的工匠精神，这种工匠精神的发掘和弘扬在当下具有重要的现实意义。同时，这百年的文学艺术史已有的众多成果，从学术上也要系统总结。而长期以来一直困扰我们的一大难题，就是如何把这些重要的学术研究成果进行转化和再创造，使之成为可被大众接受、雅俗共赏的精品佳作。从这个意义上讲，《百年巨匠》丛书的出版也是非常值得赞许的。

当前，我们的文化艺术事业虽然取得了长足的进步，但是相对于时代的重任，人民的厚望，尚有作品趋势跟风、原创性匮乏、模仿严重等问题，希冀大家在《百年巨匠》作品中得到更多的启迪和感悟。

我们国家正处在重要的历史时期，为我们文艺创作提供了丰沃的土壤和广阔的空间。中华民族的伟大复兴，呼唤一切有为的文艺工作者，为繁荣中国特色社会主义文化、建设社会主义文化强国，奉献毕生的才华和创作热情，将高度的社会责任感和历史使命感化作文艺创作的巨大动力，创作出无愧于时代、无愧于祖国和人民的优秀文艺作品，让我们这个时代的文艺创作异彩纷呈，光耀世界。

目　录

一九一五年的上海，十里洋场，灯红酒绿，歌舞升平。没有人留意到，一个年轻人正在黄浦江畔绝望地徘徊。假如，他真的就这样跳进了黄浦江，那么，中国和世界将从此失去一位画坛巨匠。

这个年轻人就是——徐悲鸿。

绝处逢生

1895 年 7 月 19 日，徐悲鸿出生在江苏宜兴屺亭桥镇一个贫寒的农家。

那时，没有人能够知晓徐悲鸿将来会有那么大的成就，因为瘦弱的他实在太不起眼。

1915 年，还不满 20 岁的徐悲鸿独闯上海。他本打算先在上海谋得一份工作，生存下来再图发展。但当时的上海美术界，正被旗袍美女的广告画和月份牌"覆盖"，而且多数被有名气的画师垄断。初来乍到的徐悲鸿根本无法挤进这个圈子，要想在这样的大上海生存下来，难度可想而知。而这个来自乡下的年轻人，身上没带多少盘缠，在大上海又没有什么能帮得上忙的社会关系。他托一位同乡给自己介绍工作，而就在他身上的最后一个铜板花光的时候，翘首以盼的一个工作机会也泡了汤。

徐悲鸿的故乡江苏省宜兴屺亭桥镇

少年徐悲鸿

徐悲鸿 19 岁时在上海留影　　《黄震之像》1926 年　　1879～1951 年 高剑父

　　在那个绝望的夜晚，年仅 20 岁的徐悲鸿想到了轻生。孤独无助地站在黄浦江畔，徐悲鸿想起了自己第一次来上海的情景。

　　那时，他跟随父亲靠卖画为生，在一些香烟盒上看到画得栩栩如生的动物画片，爱不释手，便一路收集，用作临摹的参照。

　　在父亲友人家里，徐悲鸿第一次见到许多从未见过的动物标本，便开始对标本进行严格认真的写生。他还看到一些 19 世纪西方艺术大师的作品的复制品。从小学习中国画的徐悲鸿从未见过如此严谨的构图、绚丽的色彩以及光影的律动变化。他开始向往去欧洲学习美术，学习那些在家乡，甚至在中国学不到的绘画技巧。于是他不顾家人反对，只身到上海半工半读。

　　原来，徐悲鸿真正的目的地还并不只是闯进上海，他要飞得更高，走得更远。

　　那么现在，难道还没有能踏上前往欧洲的航船，就要让自己沉入黄浦江底吗？

　　幸而朋友黄警顽及时赶到，劝服徐悲鸿抛下轻生的念头。

　　身无分文的徐悲鸿回到住所，旅店老板知道这个小伙子没找到工作，定是付不起住宿费了，于是毫不通融，让他收拾铺盖走人。离开旅馆后，徐悲鸿深感世态炎凉，茫然四顾，竟然找不到一个可以容身的立锥之地。他失魂落魄地朝家乡的方向走去。

回到老家，徐悲鸿把自己的烦恼向家乡一位民间医生法德生先生诉说。这个医生很怜惜徐悲鸿的才华，找到镇上一些小手工业者，募集了一笔钱，赠予徐悲鸿。其时，那些乡亲们的生活也并不富裕，因此，徐悲鸿心里很清楚自己再度赴上海求学的机会有多么的来之不易。

筹到了钱，徐悲鸿第三次来到上海。可是怎样才能站住脚呢？

这个时候，还是他手中的画笔给他带来了意想不到的机会。

一天，窗外飘雪。在旅馆中孤独作画的徐悲鸿看见这漫天飞雪，立即挥毫作了一幅写生的水彩画 ——《雪景》。他将这幅画装在一个镜框里，挂在墙上，准备托人带回老家送给曾经慷慨解囊帮助过他的乡亲们。没想到，就是这幅画，将他生命中一位贵人引到了身边。

《三马图》1919 年

《仕女图·落花人独立》
1944 年

《仕女图·日暮倚修竹》（局部）
1944 年

《仕女图·赵姬》
1944 年

　　黄震之，来自吴兴的书画收藏家，也是当时上海的一位富商，可以说，他是最早认定徐悲鸿为可造之才的人。当时他无意中看到了徐悲鸿的那幅《雪景》，立刻被迷住了。于是，想方设法找到徐悲鸿，并出钱把画买了下来。

　　此后，黄震之总是热心尽力帮助徐悲鸿解决生活中的困难。

　　有了黄震之的帮助，徐悲鸿总算可以喘息一段时间，一心练习绘画，不必再为生活奔波。

　　那时，徐悲鸿甚至还一度给自己取名为"黄扶"，以表达自己曾被黄姓之人扶助的感念之心。

　　但仅仅一年之后，黄震之却生意失败，几乎破产，不能再继续资助徐悲鸿了。此时，又到了一个飘雪的隆冬。

　　在走投无路之际，徐悲鸿画了一幅《骏马图》，寄给上海审美书馆馆长高剑父、高奇峰兄弟。

《日暮依修竹》1937年

当《百年巨匠》摄制组采访徐悲鸿的儿子徐庆平时，他也特别提到早年的那幅《骏马图》。"他第一张印刷的作品，就是马。那时是他生平最苦，一点儿名气也没有的时候。高氏兄弟给他的评价是：虽古之韩干未能过也。就你现在给我们寄来这匹马，就是拿中国历史上最有名的画家，画马的名家韩干来比，他都比不过你画的这匹马，所以当年这幅画得以印刷可想而知对他的鼓励有多大。"也许当年的那幅《骏马图》比起徐悲鸿后来名扬四海的奔马来说，还有些拘谨，但它的意义却非比寻常。

高剑父、高奇峰兄弟二人是中国岭南画派的著名画家。他们当时在上海已经名噪一时。在收到徐悲鸿的投稿后，他们很快给予了答复，回信盛赞徐悲鸿画的马，并决定将之出版，虽然那幅奔马图还只是出自一位名不见经传的小辈之手。高氏兄弟请徐悲鸿为上海审美书馆再画四幅仕女图。可是，那个时候，徐悲鸿身上只有五个铜板，而要画完这四幅仕女图则需要一个星期。无奈之下，徐悲鸿只得当掉了自己唯一的棉衣，忍着辘辘饥肠，冻得瑟瑟发抖，直画得手发软，好几次差点晕倒。

《黄震之》1930年

这种饥寒交迫的绝境，徐悲鸿并不是第一次经历，但是这次他不会再轻易地去黄浦江意欲轻生了。毕竟，这是一份能见到报酬的工作。然而，当他终于画完，夹着四幅仕女图，冒着风雪送到审美书馆时，却见门上一把铁将军！—— 高氏兄弟因为大雪纷飞没来上班。怎么办呢？身上已经一个铜板也没有了。而不巧的是，第二天又是一个星期天。"'明天呢？明日当来否？''明日星期日，彼例不来。'余嗒然不知所可，遂以画留致奇峰而归。信乎其凄苦也。"在徐悲鸿写于1930年的《悲鸿自述》一文中，描述了当时的对话和绝望的场景。门卫的话音飘落在了冰冷的空气中，而已经挨着饿连续工作了一周的徐悲鸿着实无可奈何，唯有"凄苦"之感。那时那刻，什么叫作"雪上加霜"，年仅20岁的他是体会得真真切切了。

如今，当衣食无忧的人们看到他日后笔下那些端庄美丽、仪态万方的仕女图时，恐怕永远无法知晓，早年的那几幅仕女图竟然创作于饥寒交迫之中，而那几幅画的意义，对那时的徐悲鸿来说，无异于救命的食粮。

此时，徐悲鸿根本顾不上为自己已经收到了震旦大学法文系的录取通知书而欢欣雀跃。他从来没有上过一天正规学堂，却凭借勤奋与好学，考取大学，而且居然是法文系，这堪称传奇，足见梦想的力量是多么强大。然而，一个现实的问题是，学费怎么办呢？稿费未结，眼见自己连温饱都成问题，徐悲鸿只好向自己并不富有的老乡阮翟光告贷，勉强渡过了难关。

对徐悲鸿早年奋斗的记录，绝非要重复那些说了一遍又一遍的故事，关于大师的纪录片的拍摄，正是想从大师的经历中找出对当下的启迪。

且不说在 20 世纪，一个家境贫寒的青年想要在艺术领域开创一番事业有多么不易，就是在当今社会，也能见到许许多多与命运抗争的跌宕人生。"北漂""蚁族""房奴""孩奴"已然成了流行的词汇。其实，现实的困顿在任何一个时代对大多数人来说都将是生活的常态和必须面对的人生考验，而能帮助人们跨越这一切的，除了机遇，唯有内心的坚持和精神的支撑。

绝处逢生的徐悲鸿，可以有很多理由在困境面前选择放弃，但是他相信了梦想，相信了远方。从水乡小镇到大上海，从黄浦江畔到大洋彼岸，他的命运之舟颠簸着、前行着，拒绝沉没，那强大的引擎则是他对艺术的执着追求和对国家民族的赤子情怀。

启 蒙

　　带着从同乡那里借来的学费，徐悲鸿走进了当年的上海震旦大学。

　　这是一所由天主教耶稣会创办于 1903 年的私立教会学校。1952年院系调整后，该校主要院系分别并入复旦大学、上海交通大学、同济大学等名校。当年，沿袭这所学校的传统，学校的校长 —— 法国人恩里教士通常会与新生一一见面。当他见到徐悲鸿身着丧服的时候，便问："你是为何人服丧？"徐悲鸿答道："父丧。"随即泪流不止。

《敬姜》（局部）　　《虎图》（局部）1918 年

翻开《悲鸿自述》，笔触间尽用"览爱父之遗容，只有啜泣"，以及"悲从中来，泪如雨下"之类的词语描绘自己失去父亲的悲凉心情。一个二十出头的小伙子，在法国校长面前泪如雨下，那是怎样一番景象，背后不知有多少悲伤与苦涩。

徐悲鸿的父亲名叫徐达章，生前是清朝末年的民间画师，自学成才，能诗善文、工书画，一家八口全靠他卖字画为生。事实上他正是大画家徐悲鸿艺术上的启蒙老师。在父亲的影响下，徐悲鸿很小就爱上绘画。但在六岁那年，徐悲鸿要求父亲教他画画，竟遭到了拒绝。

有一次，徐悲鸿从《史记》中读到"卞庄子刺虎"的故事，非常想知道老虎到底是什么样子。当时，在宜兴那样相对闭塞的水乡，既没有动物园也没有任何动物图片。于是，徐悲鸿请人替他画了一只老虎，自己照着临摹下来给父亲看。不料父亲却十分冷淡地说："这哪里是老虎，像条狗！"

这件事深深地触动了徐悲鸿，他同时记住了父亲的一句嘱咐："要想成为画家，首先应该有渊博的知识。画画是要用眼睛来观察的，你没有见过真的老虎，又怎能画出老虎来呢？"此后，徐悲鸿一生都坚持绘画须基于造型的精准和对现实生活的细心观察。

若干年后，徐悲鸿在赴法留学前画了一幅《虎图》赠送友人，用传统的中国淡彩画晕染出一只霸气十足的猛虎。

此时的徐悲鸿已然练就了扎实的绘画功底。与此同时，他的国学基础也颇为深厚，书法、诗词、文章、对联，样样精通。这些都源于徐达章这样一位谦虚、求实、勤奋的中国传统乡间画师的精心培育。

徐达章曾画过一幅《松荫课子图》。

画中，端坐桌前的少年就是徐悲鸿。在父亲的严格教导下，没有条件进入学堂读书的徐悲鸿，九岁便读完了《诗》《书》《礼》《易》《四

徐达章《松荫课子图》　　　　《徐达章像》1928 年

书》《左传》，所有这一切，为他打下了深厚的中国传统文化的功底。

　　1928 年，徐悲鸿凭自己的记忆画下了父亲的画像。画像中，父亲瓜皮小帽，长衫马褂，那微抿的双唇下，到底有着什么样的对儿子欲言又止的期许呢？多少人试图透过那些画作揣测出画中人物的思想感情，可最终，还是从《松荫课子图》的题跋中，读出了作为一个父亲的徐达章对徐悲鸿的一番良苦用心：

　　"平生淡泊是天真，木石同居养性情，切愿康儿（徐悲鸿原名徐寿康，此处为其父唤其的小名）勤学问，读书务本必躬行，求人莫若求诸己……"这便是父亲对徐悲鸿价值观形成的最重要启蒙。勤学务本，修身养性，万事不求人，心存淡泊与天真。这一切对于在艺术道路上求索一生的徐悲鸿至关重要。唯有勤学才能有真本事，唯有具备超凡的技能不求人，自立之余当有贵人相助时也才不会错失良机。而要耐得住追寻梦想过程中的寂寞，更离不开淡泊与执着于艺术的天真。越是了解徐悲鸿的奋斗经历，越是发现，大师的一生正是在践行着父亲最初的教诲。

　　画师出身的父亲在儿子的启蒙教育中，并没有急于直接教授孩子绘画的技法，而是在绘画之外的传统国学上用了更多的心力，这潜移默化间深刻影响着徐悲鸿的绘画作品和他日后选择的艺术道路。

在传世不多的徐悲鸿早期画作中，《敬姜》和《勾践夫人》这两幅画都体现出了孔孟人伦对少年悲鸿的影响，仁、义、礼、智、信不仅是他当时的创作主题，也是一种志趣的表述。而值得关注的是，《勾践夫人》是用水彩画的，似乎受到一些西洋技法的影响。那时的徐悲鸿还尚未踏出国门一步。

原来，徐悲鸿 13 岁那年，镇上闹饥荒，父亲只好带着他外出谋生，这一去就是好几年。徐悲鸿的外甥潘公慎在讲述这段经历时，使用了一个特别的词语：跑江湖。他说："徐悲鸿大概在十二三岁的时候，就跟着他父亲跑江湖了。"所谓跑江湖，其实就是流浪卖艺。这一老一少背着画卷工具深入热闹的城镇走街串巷，徐悲鸿幼小的心灵

《蔡公时被难图》（素稿）1928 年

很早就开始感受到世间的人情冷暖。跟随父亲的脚步，年少的悲鸿变得非常能够吃苦。摄制组在徐悲鸿的故乡宜兴临时找到了一位小演员扮演少年徐悲鸿，不知这孩子应导演的要求在田埂上顶着大太阳来回走了那么多圈，能否多少想象得出当年徐悲鸿随父跑江湖的艰辛。

《勾践夫人》（水彩）1908~1909年

这段四处漂泊的生活，让少年悲鸿第一次看到了外面纷繁的世界。

一次偶然的机会，他发现了一种当时在上海十分流行的烟盒上的广告画和月份牌，画上不管是动物还是人物，形象都惟妙惟肖。年少的徐悲鸿忍不住悄悄模仿了起来。《勾践夫人》就是这一时期的代表作品。虽然手法还不十分纯熟，但无师自通的灵气跃然纸上。

这样的绘画模仿在饥寒交迫的年代时断时续，但在徐悲鸿年少的心灵中已经埋下了一颗追求另类艺术的种子。

徐氏父子在外出谋生的日子里，跋山涉水，走街串巷，相依为命。年复一年，父亲的健康每况愈下，有时只能靠年轻的悲鸿为他代笔。

回到家乡后，父亲一病不起，家庭重担全落在了17岁的少年肩上。每日天不亮，徐悲鸿就开始匆匆赶路了。当时他的绘画名声已逐渐传遍四乡，为了多一点收入，他同时兼任了宜兴三个学校的美术教师。三校之间相隔五十多里地，徐悲鸿每天穿梭往返，以至于养成了疾步如飞的习惯。

就在这一年，辛亥革命爆发，给长期封建统治下的中国带来了新思想，这种影响迅速波及全国，触动了每一个中国人，特别是年轻人。很快，清王朝覆灭的消息传到了宜兴，科考制度的取消，让徐悲鸿更坚定了追求艺术的理想。而此时的徐达章却病入膏肓。

为了给重病的父亲冲喜，家人做主为徐悲鸿娶了一位素不相识的邻村姑娘。年仅18岁的徐悲鸿不满这桩包办婚姻，他给自己新生的儿子取名"劫生"，意为"遭劫而生"。

"冲喜"之后的第二年，父亲还是撒手人寰。

徐悲鸿本名叫徐寿康，这是家人对他一生福寿安康的祈望。父亲去世后，他不顾家人反对，把自己的名字改为悲鸿。"鸿"意为"鸿雁"或"鸿儒"，但加上一个"悲"字，却成了孤独悲号的鸟儿。这难道就是徐悲鸿自主的选择吗？他为什么放着一个四平八稳的"寿"与"康"不要，非要给自己取一个这样的名字呢？是在表达一种对现实的不满，抑或是与命运抗争的呼号？

家，再也留不住这个充满理想和才华的青年了，他要往外走，走向更广阔的天地，追逐那始终不曾放弃的梦想。

临行前，徐悲鸿的一位同事，国文老先生张祖芬送给他一句临别赠言："人不可有傲气，但不能无傲骨。"《悲鸿自述》中曾这样写道："呜呼张君者，悲鸿入世第一次所遇之知己也。"当徐悲鸿内心深处的情怀被一位忘年之交读懂与首肯，他是多么的感慨与欣喜！

从此，徐悲鸿独闯上海，几近生死边缘，开始了他人生坎坷的奋斗之路。

童年的经历对于一个人的一生至关重要。年少的悲鸿那副"穷人的孩子早当家"的模样，是那样的生动传神。此刻，大师不再那么高高在上了，他就是一个可爱的、鲜活的形象，令人嗅到一个孩童心中播撒下理想的种子的那一片芬芳，这足以启发任何一个时代的人们。

启蒙，是久远的记忆，而且是渗透骨髓和灵魂的，徐悲鸿命运的轨迹从那时开始就在悄悄地向未知的大世界延伸。

碧　微

1915 年，就在徐悲鸿带着梦想离开家乡宜兴再赴上海时，宜兴一个大户人家蒋家，因为 81 岁的老太爷去世，举行了一场隆重的丧礼。而死者正是日后成为徐悲鸿妻子的蒋碧微女士的祖父。

比起徐悲鸿四处借贷为父亲奔丧，蒋家老太爷的丧礼极为奢华气派。在蒋碧微的书中曾这样描述那场丧礼："宜兴人办丧事，繁文缛节，相当隆重。……殓棉是用做成套子的丝绵，将死者全身套起……然后再穿上衣服，衣服必须是单数，祖父穿的是前清的官服，从里到外，一共是九件。"

哈同

蒋家是宜兴的大户人家，祖上为官，世代书香，隆重的传统丧礼不足为奇。与

罗迦陵

1899 年出生的蒋碧微相比，徐悲鸿的童年和少年时代则完全是另一番光景。他们虽然都是江苏宜兴人，但两人的出身和社会背景悬殊。

据说，徐悲鸿宜兴屺亭桥镇的祖屋是他的祖父在参加太平天国运动失败后，流落宜兴做了十年苦工所建。

小悲鸿出生于甲午海战的次年 1895 年。当时清政府与列强侵略

昔日的哈同花园的一角就是今天的上海展览中心

者签署的不平等条约加重了百姓的苦难，大批农民、小商贩、小手工业者破产逃荒流落异乡。在这样的大环境下，徐悲鸿画工出身的父亲徐达章根本无法仅靠在镇上卖画维持全家生活，他必须起早贪黑耕种七亩瓜田以应付必需的日常开销。幼年徐悲鸿在这样的家庭中长大，很小就下地帮父母干农活，照顾弟妹，自然比一般孩子更早熟。

当童年时代的蒋碧微在富有的大家庭中品尝各式点心，定制绸缎衣裳，度过一个又一个场面热闹的节日时，徐悲鸿却早已跟随父亲流浪江湖，过着饥一顿饱一顿的卖画生涯。

就是这样两个看似门不当户不对的青年男女最终却结为了夫妻。这缘分说起来与一座花园息息相关，那就是当时位于上海孤山路的一座私人别墅——哈同花园。

哈同花园曾在上海显赫一时，它的主人是犹太富商哈同和他中法混血的夫人罗迦陵。上海是"冒险家的乐园"，此话不假。哈同这个曾经的流浪儿，悄悄登上一艘德国船只来到上海滩，以一个犹太人的聪明圆通，勤奋打拼数年，终于开始飞黄腾达。当积累了巨额财富之后，夫妻俩开始热心于创办学校和扶持各类文化活动。

就在徐悲鸿1916年考上震旦大学后不久，他无意中从报纸上看到哈同花园附设的仓圣明智大学征求仓颉画像的广告。或许哈同夫妇认为尊崇孔子还不够，还要大力宣扬汉文字的创始人仓颉。

仓颉是传说中"四目灵光"的圣人。徐悲鸿根据古籍记载，画了一个身披树叶、长发齐肩、满面须毛、眉下四目的巨人，寄出应征。那是一幅一米多高的水彩画，当时立刻征服了明智大学的教授们，也得到了哈同夫人罗迦陵的赏识。哈同花园的总管姬觉弥立即派车接来徐悲鸿，交谈之后，对他更为器重，于是诚邀他担任哈同花园的美术指导方面的工作。由此一来，正在震旦大学读书的徐悲鸿，不仅有了交学费的钱，生活问题也得到了解决。所以，当他遇到蒋碧微之时，落魄的状况已大为改观。

借助这次机会，年轻的徐悲鸿暂时摆脱了相当一段时间内困扰着他的贫困窘境，而且还平生第一次拥有了一个窗明几净带阳台花园的画室。但他却并不留恋这一切。学好法语，留学法国的梦想仍时刻萦绕在他的心头。

那时，蒋碧微已随父母从宜兴迁到上海，他们的家离哈同花园不远。经同乡朱了洲的介绍，徐悲鸿认识了年长于自己的同乡蒋梅笙，并成了蒋家的座上宾。

蒋梅笙夫妇见徐悲鸿才华出众，十分喜欢。他们又得知徐悲鸿在家乡的原配妻子在他漂泊上海期间不幸亡故，更多了一份同情，茶余饭后，经常念叨着这位年轻人。可他们却完全没有觉察到，自己的二女儿，当时年仅18岁的蒋碧微，在此期间已悄悄有了自己少女的心思。

这位此后与徐悲鸿维持了 28 年婚姻的蒋家二小姐，在她的自传体回忆录《我与悲鸿》中曾经这样写道："徐先生这时闯进我们的家庭，给我带来了新奇的感觉，秘密的喜悦。我觉得他很有吸引力，不仅在他本身，同时也由于他那许多动人的故事，以及他矢志上进的毅力。这使我对他深深的爱慕和敬佩。"

蒋家是个传统保守的旧式家庭，生于斯长于斯的蒋家二小姐蒋碧微自然十分注意自己的言行举止，不敢越雷池半步。两个年轻人多次见面却从未私下交谈过一句话，即使偶然遇见也会尽量地避开。

渐渐地，一种微妙的情愫在蒋碧微心中生长，令她惶恐而不知所措。因为她 13 岁那年已奉父母之命、媒妁之言与世交查家定亲，眼看着迎娶的日子慢慢逼近。一天，朱了洲来到蒋家，突如其来地问了蒋碧微一句："假如现在有一个人，想带你去外国，你去不去？"这个想带她一起去国外的人正是徐悲鸿。蒋碧微在《我与悲鸿》一书中这样描述那一刻自己的心理活动："我听他这么一问，脑子立刻就映出徐先生的影子，这'一个人'和'外国'，同时构成强烈的吸引，它使我心底的暗潮汹涌澎湃，不可遏制……"这不可遏制的青春暗潮裹挟着蒋碧微挣脱封建礼教的束缚，奔向徐悲鸿，奔向自由。就这样，在那个年代，徐悲

蒋碧微少女时代

鸿与蒋碧微听从了内心的呼唤，做出了抉择。

出走前夜，蒋碧微给父母留下一封信。一个不到 20 岁的年轻女孩为了追求自己的爱情，追求自由的新生活，除了向包办婚姻说不，她别无选择，只能恳求父母的谅解。蒋碧微顾不上去想已定亲的查家一夜之间找不到即将过门的新娘，将会是怎样一番情景；如果他们前来质问父母，父母双亲又会是何等的难堪；她也不管未来的生活将充满怎样的动荡艰难。这个从小到大养尊处优惯了的蒋家二小姐此刻唯有义无反顾，因为在她心里，眼前这个有志青年就是她的希望，她的幸福寄托之所在。

而对于徐悲鸿而言，这也是他在那段失败的包办婚姻之后的第一次自由恋爱，他心向往之，非常珍惜。他为原名"棠珍"的爱人改名为"碧微"，并将这个名字早早地刻在了一枚水晶戒指上。在他们双双登上离家的大船时，徐悲鸿将这枚戒指赠给了蒋碧微。

可两人这一走，留给蒋碧微父母的，却是一个难以收拾的局面。

在今天，两情相悦的自由恋爱、婚姻自主，是天经地义的事情。但在旧中国，几千年的封建礼教是压在这两个年轻人身上的大山。居然敢和包办婚姻叫板，甚至双双私奔，可以说是冒天下之大不韪，为世俗所不容。

私奔的消息渐渐传开，闹得满城风雨。好事者更是添油加醋地渲染，查家也听到了风声，十分气恼。为了顾全两家的颜面，蒋家只得谎称女儿到苏州探亲，突然得了急病，不治身亡。为了让这个还说得过去的理由更站得住脚，蒋碧微的母亲又托人买了口棺材，里面放上石头，抬入一座寺庙。做到这个份儿上，才将此事摆平，蒋家人为此也心力交瘁。

付出了如此巨大的代价，徐悲鸿与蒋碧微奔向自由的路却并不平

徐悲鸿与蒋碧微

坦。摆在面前的，首先是二人的感情是否经得住现实生活的考验。毕竟，两个年轻人交往时间尚短，彼此了解不深，那种同甘共苦、同舟共济的夫妻之情，还需假以时日，在长期的共同生活中培育与磨合。而求学的艰苦环境、条件，甚至不期而然出现的意外，往往令人猝不及防，考验着这对年轻的夫妇。

那日，蒋碧微与徐悲鸿会合，双双登上远洋的大船，然而那艘船并不是开往法国的。

1917 年，第一次世界大战的风暴席卷了整个欧洲大陆。从上海到法国的航线中断了。可二人私奔的计划已经定了下来，可谓弓在弦上不得不发。时间紧迫，徐悲鸿决定行期不变，先带蒋碧微去日本。

临行前，哈同赠送给徐悲鸿 1600 元现洋。夫妻二人在日本期间的全部开销就要依靠这笔钱了。

虽然是被迫改道，东渡扶桑，在日本的学习同样让 22 岁的徐悲鸿开了眼界。他欣喜地看到日本画家已渐渐脱去了拘泥于古人的成例，能仔细观察和描绘大自然，尤其以花鸟画最为出色。于是，徐悲鸿经常流连于那些书店或画店，遇到自己喜爱的书籍或美术复制品，不管多贵宁肯饿肚子也要买下来。

而从小衣食无忧的蒋碧微，突然间来到一个完全陌生的国家，语言不通，习俗不同，没有朋友，生活上完全依靠一位眼中只有艺术的丈夫，还需处处省吃俭用，她何曾吃过这样的苦。眼前这位她曾一度那么爱慕的年轻画家，似乎爱艺术胜过爱身边的美娇娘，完全忽略了她的内心感受和一个女人在异国他乡的孤独寂寞。日渐增多的不满与怨愤堆积在蒋碧微心头，不知不觉中销蚀掉了新婚宴尔的甜蜜。他们的共同生活开始悄然出现了阴影。而一心钻研绘画艺术，每日如饥似渴地观摩和学习日本绘画的徐悲鸿，在揣度女人心思方面却显得那样木讷、愚笨，对新婚妻子内心微妙的情绪浑然不知。

一晃，半年过去了。东京的物价很贵，尽管处

20 世纪 20 年代初期的蒋碧微

处节衣缩食，这对新婚夫妇身上带的钱还是花光了，无奈之下，二人只得打道回府。这让蒋碧微极为难堪。当初毅然私奔，得罪了父母和亲友，本想着悲鸿能够在外干出一番事业，也好夫荣妻贵，荣归故里，向父母赔罪。如今却是这样的狼狈不堪，走投无路了才不得不又回到父母的身边，心中对徐悲鸿的不满便更多了几分。蒋碧微的父母虽然曾为孩子的私奔受尽委屈，一度气愤难平，但见爱女终于平安归来，还是原谅了他们。

爱情是永恒的话题。一个情感丰富的画家带着心爱的姑娘私奔，一起求学，今天看来都极富戏剧性和浪漫色彩。这并非电影电视剧中的场景，而是真人真实的经历，而且是发生在伟大的艺术巨匠徐悲鸿身上的传奇爱情。摄制组后来在采访徐悲鸿与蒋碧微的女儿徐静斐时，她直截了当地说："我妈妈跟我说过，她当年就是觉得我父亲帅，自己奋斗，有志向。"多么简单的爱，就是在今天这个时代，这也是人人能明白的一颗纯真少女心。然而，他们的爱情也像任何一个时代年轻不经事的初恋男女一样，充满不成熟的脆弱和对未来的不确定。

一位伟大的画坛巨匠也有着与普通人别无二致的喜与悲，也有着七情六欲，大师仿佛更亲近常人了。

二度出洋

徐悲鸿第一次出国留学，东渡扶桑，未及学成，几乎是无功而返。哈同赞助的学费花光了，徐悲鸿再也没有能力自费留学，他必须想办法考取官费。

为了继续自己的求学之路，徐悲鸿在上海拜见了康有为。

徐悲鸿怎么会认识这位中国近代史上"戊戌变法"的重要人物呢？在这个时候，康有为能为他的留法梦想助上一臂之力吗？

早在 1917 年，徐悲鸿去日本之前，他就画了一幅完全用西洋写实手法绘制的水彩画，名叫《康南海六十行乐图》。

"康南海"正是康有为。这位当时名震海内外的维新派领袖是广东南海人，因此别称康南海。画面以中国传统园林背景为衬托，描绘康有为一家老小其乐融融的生活场景。或许是为了刻意体现这一书香世家深受西方思想的影响，徐悲鸿还在画中为前排的一个小男孩搭配了一身洋装。这身小洋装并非毫无缘由的点缀，徐悲鸿或许想到一向推崇西方先进思想，主张变法维新的康有为，说不定会理解他、支持他出国留洋，去西方学习绘画艺术的梦想。

徐悲鸿是怎样结识康有为的，这还要从他在哈同花园做事的时候说起。当时圣仓明智大学常常邀请名流来校讲学，其中就有大名鼎鼎的康有为。从康有为的言谈中，徐悲鸿第一次听到了中国画应当改良的观念。康有为认为，当今中国的绘画已衰敝之极，墨守成规，缺乏创新，他主张应该学习西方的写实主义，融合中西画法的精华加以变

23

《康南海六十行乐图》1917 年

通。康有为渊博的学识和改良中国绘画的精辟见解深深吸引了青年徐悲鸿。与此同时，徐悲鸿的绘画才能，尤其是他擅长写实的风格也深得康有为的赏识，他不但把自己丰富的书画收藏拿出来供徐悲鸿欣赏，还请他为自己全家画像。

一位清末维新变法的领头人物，他必然关注社会，关注民生，关注国体和国运。因此，在那样一个动荡的时代，他认识、理解并关注像徐悲鸿这样一个有正义感、有上进心的艺术青年，或许不仅仅是上天赐予徐悲鸿的幸运，更是偶然中的必然。

与康有为之间亲如师生的关系，成为徐悲鸿改变人生轨迹的一个重要契机。就这样，从日本归国后，一心向学却苦于求告无门，深感前路渺茫的徐悲鸿登门拜访了康有为。一个月后，带着康有为的举荐信，徐悲鸿去了北京。

在中国近代史上，1917年北洋政府统治下的北京，是一个极其特殊的地方。辛亥革命推翻清王朝之后，虽然这里充满了争权夺利的政治动荡，但是，主张反对封建专制，提倡学习西方科学民主的新文化运动也在这里风起云涌。

这一年的1月1日，胡适在《新青年》上发表文章，主张破除旧的文学规范，创造一种全新的文学面貌。1月4日蔡元培出任北京大学校长，实行大学改制。2月1日陈独秀在《新青年》上发表《文学革命论》，举起文学革命的大旗，声援胡适。

1917年12月，就在刚刚兴起的新文化运动如火如荼之时，22岁的徐悲鸿来到了北京。当康有为的弟子、前总统府秘书、著名诗人罗瘿公读完康有为的举荐信并看到了徐悲鸿带来的作品时，大为惊喜，随即写信向时任教育总长的傅增湘推荐了徐悲鸿。

傅增湘是当时手握留学官费发放权的关键人物。在面见了徐悲鸿之后，他也确认徐悲鸿是一位很有发展前途的青年画家，并诚恳地表示：等第一次世界大战平息，一定为徐悲鸿申请一笔官费，实现他前往欧洲留学的愿望。于是，徐悲鸿和蒋碧微安心地在北平住了下来。

应蔡元培和傅增湘的聘请，徐悲鸿担任了北京大学画法研究会的导师。虽然年纪轻轻，但在艺术上的悟性和满怀的抱负让他在北平文化界崭露头角。徐悲鸿针对中国传统绘画走向泥古不化的局面，号召画坛有识之士奋起革新，并撰文提出"古法之佳者守之，重绝者继之，不佳者改之，未足者增之，西方绘画之可采者融之"的主张。此时尚未走出国门的徐悲鸿就具备了如此见识，足见他对于自己留洋的目标早就了然于胸，他对自己所追求的艺术理想亦早已有了成熟的思考。

康有为在日本送徐悲鸿的书法作品《写生入神》1917 年

作为新文化运动的发祥地，文化古都北平的时代氛围为年轻的徐悲鸿打开了又一个丰富的世界。在这里，他有机会到故宫观赏大量古代绘画、稀世珍宝，还结交了罗瘿公、黄宾虹、金城、樊樊山、萧友梅、陈师曾、胡适、鲁迅等社会名流。他更在无意中爱上了京剧艺术，与京剧泰斗梅兰芳和程砚秋过从甚密，并为他们画像。

艺术都是相通的，舞台上的色彩、动感和精彩的念唱做打，给徐悲鸿带来无穷无尽的艺术灵感。年方 24 岁的徐悲鸿，在这样的熏陶下，很快便全方位地展现出了一位未来大艺术家的潜质和素养。良师益友、丰富多元的精神养料以及京城独有的文化氛围让等待留学官费而滞留北平的日子变得并不那么漫长。

可是，对于徐悲鸿的新婚妻子蒋碧微来说，就是另一回事了，用度日如年来形容她的状况大概也不为过。

一个没有自己事业的旧式女子，在陌生的城市，没有丈夫的陪伴，怎敢独自出门。蒋碧微几乎终日独守空房，等待流连于各类文化活动中的丈夫回家。个中滋味对于这个在故乡被父母捧为掌上明珠的蒋家二小姐，简直是苦不堪言。蒋碧微在她的回忆录中写道："我初到北平，不但乡音未改，而且还听不懂那种地道的北平话，平时既没有谈话的对象，朋友中女性又少，因此觉得非常寂寞。往后几十年

26

里，虽然经常听朋友在说北平住家怎么理想，可是我就从来不曾想过要到北平去住。因为在我记忆里，我那一年的北平生活，只有苦闷和贫穷。"

而全身心投入北平文化生活的徐悲鸿，对此也无计可施，他没有时间也没有精力来安慰妻子，唯有盼着早日拿到官费，和蒋碧微双双前往法国。他心想也许情况就会得到改善。

可是没想到，一波三折，当教育部再次公布向欧洲派遣留学生的名单时，却没有徐悲鸿的名字。年轻画家按捺不住自己的失望和气愤，写了一封措辞十分尖锐的信，质问傅增湘。这让介绍人罗瘿公面子上有些难堪。

1918 年 11 月 11 日，第一次世界大战结束，中国教育部决定继续派遣留学生去欧洲学习。蔡元培此时给傅增湘书信一封，问可否再给徐悲鸿一次留学的机会。这次，傅增湘没有食言，也不计前嫌，

1918 年北京大学画法研究会合影

终于让徐悲鸿获得了宝贵的留学官费。这件事让年轻气盛的徐悲鸿感到有些局促和惭愧。当他前往傅增湘处向他面谢时，这位教育总长只轻描淡写地表示"不失信而已"，"神态举止也表现得恂恂然如常态不介意"。

这笔官费，真正启动了艺术大师人生中最重要的一次航程，也撞开了属于他的命运之门。从背井离乡独闯上海，到自学法文考取震旦大学，再到欧战爆发转道日本游学，又因资金难继中途折返，几番起落，坚持如初，最后终于得以成行，徐悲鸿凭的是毅力、恒心，当然，更离不开他生命中遇到的贵人。

多年后，徐悲鸿曾这样回忆道："余飘零十载，转走千里，求学之难，难至如此。吾于黄震之、傅增湘两先生，皆终身感戴其德而不忘者也。"

命运就是这样莫测，但似乎也暗含着某种必然。

那叶曾经风雨飘摇的扁舟，如今终于换成一艘乘风破浪的大船，扬起生命的风帆，驶向远方。

第二章　艺术之帆

一九一九年五月十日，徐悲鸿和妻子蒋碧微在经过近两个月的航行之后，终于抵达巴黎。那时，巴黎已被世人称为「世界艺术的中心」，博物馆林立，名家大师的真迹也琳琅满目。

为人生而艺术

1919 年 5 月 10 日，徐悲鸿和妻子蒋碧微在经过近两个月的航行之后，终于抵达巴黎。那时，巴黎已被世人称为"世界艺术的中心"，博物馆林立，名家大师的真迹也琳琅满目。徐悲鸿一下船就忙于四处参观美术作品展，在众多的博物馆和美术馆之间流连忘返。这些举世瞩目的艺术珍品简直令他如痴如醉，他废寝忘食，终日浏览观赏，学习研究。与此同时，徐悲鸿进入了一家私立画院补习。他必须用最快的速度大致掌握西画的技巧，并参加巴黎国立美术学校严格的入学考试。在报考之前，他还需要选择一个主攻方向。

马蒂斯

在前往法国的路上，徐悲鸿夫妇曾途经英国，借下船短暂停留的机会，参观了大英博物馆。当看到古代希腊巴维农古神庙的浮雕时，徐悲鸿叹息道："唉，为什么不让我慢慢地见到它，而使我骤然站在它的面前，以致惊恐无比呢！"比起中国画的写意，西方古典绘画技法的写实让徐悲鸿大开眼界。

事实上，20 世纪初的法国画坛正处于一个流派纷呈、激烈变革的新时代。继诞

1919 年徐悲鸿在法国留学

生于 19 世纪末的法国"印象派"之后,以凡·高、高更为代表的现代派绘画开始成为西方画坛的主流。而徐悲鸿来到法国求学时,凡·高已经去世 30 年了。此时,画坛上最为流行的是表现主义绘画,在法国,就是以马蒂斯为代表的野兽派。所以后来很多与徐悲鸿同一时期先后来到法国求学的艺术家都自然而然地走上了现代主义的绘画道路,比如林风眠、潘玉良、赵无极和吕霞光等。

凡·高《星夜》1889 年

而徐悲鸿却偏偏把目光投向了一百多年前引领了西方画坛一个多世纪的新古典主义写实绘画。

新古典主义的绘画产生于法国大革命前夕,法国资产阶级推崇古典风格,推行古希腊、罗马的艺术语言、样式、题材、风

马蒂斯《ZULMA》1950 年

格,是为其达到古为今用的目的。法国大革命赋予了古典主义以新的内容,使得许多艺术家能够突破古典主义的程式束缚,创造出一些具有现实意义的作品,因而新古典主义又常被称为"革命的古典主义"。

新古典主义绘画以文艺复兴时期的美学作为创作的指导思想，崇尚古风、理性和自然，其特征是选择严肃的题材，注重塑造性与完整性，强调理性而忽略感性，强调素描而忽视色彩。新古典主义绘画的代表人物是路易·大卫、安格尔、德拉克洛瓦、杰里科等。

徐悲鸿将自己的主攻方向定位在写实主义绘画，也许正是因为他感觉到当时积贫积弱的中国艺术也需要一场畅快淋漓的革命。

新古典主义绘画以写实为它的基本表现形式，选择严肃的重大题材，包括古代历史和现实的重大事件，在艺术形式上强调理性而非感性，在构图上强调完整性，在造型上重视素描和轮廓，注重雕塑般的人物形象，对造型的准确性要求极为严格，非常强调素描的主导作用。而这一切，正是徐悲鸿所需要和向往的。

当时，在卢浮宫法国馆陈列的几幅新古典主义名作给徐悲鸿的内心以极大的震撼。这就是杰里科的《梅杜萨之筏》、大卫的《拿破仑加冕》和《荷拉斯兄弟的誓言》，以及德拉克洛瓦的名作《自由引导人民》。

画面上那喷薄而出的革命浪漫主义气息令他着迷，那种描绘人民为自由、为解放、为民族大义和推翻腐朽制度而奋争的史诗般的画

大卫《荷拉斯兄弟的誓言》1784 年　　　　德拉克洛瓦《自由引导人民》1830 年

面，深深触动了徐悲鸿，让他想起了自己正处于军阀混战、列强瓜分中的祖国。

这时的徐悲鸿已经做出了选择。可是，当时的法国已经没有一百多年前新古典主义辉煌时期那种大师云集的氛围，画这样的写实派巨幅画作的人早已越来越少，而且良师难觅。大型油画本来成本就很高，又难以找到买主，那些现代派的小幅画作在当时既流行又比巨幅油画更容易绘制，那么，徐悲鸿为什么还偏偏对已经在欧洲过了气儿的写实派绘画情有独钟呢？

徐悲鸿曾经写过一篇文章，题目叫《世界艺术的没落与中国艺术的复兴》。这是他观察了世界的艺术之后为自己，也是为中国艺术界确定的一个目标。即便终于如愿来到了艺术之都巴黎，徐悲鸿的内心也一刻没有停止对危难中的祖国的关注。中国国家画院院长、中国美术家协会副主席杨晓阳在接受剧组采访时说道："在中华民族的生死存亡已经成为头等大事，成为一个最大的问题的时候，文艺是什么？文艺的最大作用是什么？应该说是文艺已经变成了一种武器，当成为武器的这种美术，最容易被大家接受的是写实画法，是现实主义创作方法。"

于是，在欧洲渐渐少有人问津的写实主义成为徐悲鸿的不二选择，而他对当时日渐盛行于欧洲艺术市场的唯美、小资的现代派绘画反倒是敬而远之。在摄制组采访的专家中，中国艺术研究院的美术研究员郎绍君这样评价徐悲鸿："他从来都不是在为艺术而艺术，徐悲鸿选择现实主义，而现实主义就是为人生而艺术。"

怎么去理解徐悲鸿的"为人生而艺术"呢？那就继续在大师的人生旅程中找寻答案吧。

初到法国

蒋碧微在《我与悲鸿》一书中曾详细描述了她和徐悲鸿初到法国的情景，那种漂泊异乡的惶惑，对亲人的思念……近一个世纪过去，这仿佛是一种历史轮回，如今的留法学生一定同样能真切地体会到徐悲鸿和蒋碧微当时的兴奋与喜悦，忐忑与迷茫，适应力与承受力都在经受着前所未有的考验。因为对于每一个漂洋过海的中华学子，毕竟那是一个语言文化迥异的西方国度。所不同的是，今天在中国经济飞速发展时期出国的中国留学生和当年带着救亡图存到法国寻找真理的一代年轻人，处于完全不同的时代。徐悲鸿那一代留法学子在精神上和物质上的双重苦楚，今人是难以体会得到的，唯有带着对前辈的感佩之心，去想象徐悲鸿当年的求学之路。

徐悲鸿作品（素描）

1919年"五四"前后，到欧洲留学在中国蔚然成风。一来签证没有今天那么难；二来欧洲受战事影响经济衰败，物价不高。因此，只要是考取官费或者家里有一定经济条件的中国学子都愿选择留洋。与徐悲鸿和蒋碧微同船的大多

《黑马》早期

数是中国留学生。当他们经过一个多月的航行，于5月10日渡过海峡，随后转车赶往巴黎的时候，还不知道国内已经发生了在中国历史上意义尤为重要的"五四"青年运动。但"五四"精神的影响已经开始在海外的中国留学生群体中悄然蔓延。

设在巴黎的华法教育会为刚抵达的留学生安排了住处，由欧战前到法国留学的学长接待他们。转赴其他城镇的学生在旅馆休息了一天就由招待人员接走了，剩下留在巴黎的学生大多被安置在拉丁区巴黎大学周边专供学生租住的旅馆中。关于他们初到异国他乡的情形，蒋碧微在书中不乏诙谐幽默地记述了不少趣事。

> 每一房间的床头柜里，总有一只瓷器的溺盆，洗得干干净净，一尘不染。有一位同学肚子饿，出去买了面包回来，因为找不到容器存放，见床头柜里有一只洁白的瓷盆，也不知道是做什么用的，便拿出来盛放面包，逢人就端着请客，惹得大家掩口葫芦，笑痛了肚皮。

这样的笑话在全球化的今天也许不至于这么夸张，但在那个没有网络、没有电视的时代，从自己打小儿就习惯了的家乡骤然陷入欧洲的西式生活环境，那一代学子的冲击感一定比这个时代的留学生强烈得多。

抵达法国后，蒋碧微在家埋头补习法文，徐悲鸿则每日到各处博物馆看画。巴黎有大大小小的博物馆60多个，它们成了徐悲鸿入学前最好的补习班。徐悲鸿在1930年所写的《悲鸿自述》一文中这样回忆道："吾居国内，以画谋生，非遂能画也。且时作中国画，体物不精；而手放轶，动不中绳，如无缰之马，难以控制。于是悉心研究观古人所作，绝不作画者数月，然后渐渐习描。入朱利安画院，初甚困。两月余，手方就范，遂往试巴黎美术学校。"从徐悲鸿的亲笔描述中，可以想象初到法国的他考学压力有多大，而他又为何会如饥似渴地去参观各类美术展览。

1920年春，巴黎国立美术学校录取了100名新生，徐悲鸿名列第十四。此时，自他刚开始在朱利安画院补习西方绘画技法还不到三个月。从小仅仅跟着乡村画师的父亲学过中国绘画，而从没有系统进行西洋绘画技巧训练的徐悲鸿居然在这么短的时间内跨越巨大的文化鸿沟，正如他初入上海，以零基础补习法文考上震旦大学那样，他在法国再次创造了奇迹。

徐悲鸿虽然没有系统学习过西洋绘画技巧，但从小，其父徐达章总是教诲他学画要注意观察，还经常带他写生、临摹，画他的父母、兄弟、邻居甚至路边的乞丐。而最令他受益的是每天临摹一幅吴友如的人物画，这可以说是一种不折不扣的"童子功"。

吴友如是清代末期最著名的插图画家，能在尺幅之中描绘亭台楼阁、鸟兽虫鱼、奇花异卉，乃至千军万马。他如同一位未曾谋面的启蒙老师一般，为徐悲鸿后来超强的临摹功力打下了坚实基础。不过，吴友如的这些插画属于中国古代"白画"，造型靠的是"白描"，主要手法是"线条"，以轮廓为主，有的

徐悲鸿作品（素描）

徐悲鸿作品（素描）

略用淡墨渲染，以表现其立体感，它与西洋素描使用铅笔、炭笔绘画，讲究"块面"的手法完全不一样。

从现存的徐悲鸿素描作品来看，他刚开始画素描时，线条还比较粗，块面的疏密也不够匀称，但却不失雄奇、生动，可谓灵性十足。而后他的素描日臻成熟，渐渐达到炉火纯青的地步。考上巴黎国立美术学校也是徐悲鸿为践行改良中国画的理想迈出的第一步。

艺术的高等学府向远方的学子敞开怀抱，面前正是那实现梦想的阶梯。

巴黎美院寻踪

在巴黎市中心，塞纳河左岸，有一条叫作波拿巴路的街道，由于画廊林立，人们也习惯地称这里为画廊街。在街道尽头，就是世界著名的巴黎国立高等美术学院，它已经在这里屹立了三百年之久。

徐悲鸿留学法国期间，这所学校还被称为巴黎国立美术学校，在当时就已经属于全世界顶尖殿堂级的美术学院。在成就卓著的中国画家中，除了徐悲鸿，还有林风眠、颜文梁、潘玉良、刘海粟、刘开渠、吴冠中、李风白等著名画家也毕业于这所学校。

走进徐悲鸿曾就读的这所学府，几乎每一个角落都透出一股浓郁

巴黎国立高等美术学院

的艺术气息。然而，那种顺应新古典主义写实派的传统教学形式，大概自徐悲鸿入学时就已经开始悄然发生改变。因为自那时起，欧洲的现代主义绘画已蓬勃发展起来，到如今，学院结合传统美术教育和当代艺术开展教学。徐悲鸿当年选修的、以主攻传统写实主义的课程，如今已难得一见。

当剧组前往法国拍摄巴黎美院的空镜时，见到画素描的学生大多三三两两聚在校园各个角落的雕塑前，席地而坐，并无教师在旁指导，也没发现学生们集中上素描课的教室。在油画工作室内则看到清一色都是创作现代派风格绘画的学生。而这与在地球另一端位于中国首都北京的中央美术学院的情况截然不同。中央美院的画室内，对着石膏和人体模特练习素描的学生们至今依然沿用着巴黎国立美术学校百年前的传统形式。而这正是中央美院第一任校长徐悲鸿，将自己当年留法时在巴黎国立美术学院的所见所闻引入中国，保留至今的结果。

传统的写实主义教学最重要的一项科目就是素描，这也是西方绘画的基础。徐悲鸿在法国学习的是学院派的素描，在他看来，素描是最真实、最有魅力的，是绘画艺术的基本功，是写实求真、追求精准造型的根本。中国美术馆研究员刘曦林在接受采访时，非常风趣地道出中国画的弊端："中国画画人物老是画得不好，画一个人的手向前伸伸不出去，画一个美女跳舞，那个脚丫子不会画，需要拿裙子把它藏起来。"而徐悲鸿通过西洋绘画技法中素描的练习，突破了这一局限。

其实，在徐悲鸿一生的创作中，素描才是最为出类拔萃的。刘曦林说："如果拿徐悲鸿的素描、中国画、油画来排队的话，应该说素描是最成熟的。因为他的素描把西洋绘画分析人体结构、造型结构的学

《桂林风景》1934 年

问和中国画的线结构、线造型等传统艺术手法结合在了一起。中国画家中素描画到如此炉火纯青的，徐悲鸿是少有的一位。"

又是几年过去，徐悲鸿学成之后，他的作品在欧洲展出。连欧洲观众都对这位中国画家所画的素描惊叹不已，在留言簿上留下这样的赞誉："我们真想象不到一个中国画家能画出如此美的素描，美得令我们感到不可思议。"

然而，要知道，这样的水准并非一朝一夕之功。

当年巴黎国立美术学校对于刚进校的新生要求十分严格。徐悲鸿进校之初，先在素描班画石膏像，平时自学临摹，每周三、六才有教授到班上指导，检查学生的进度。直到教授认为程度达标了，才准予升入模特儿班去画人体，模特儿有男有女，每周更换一次。经过这个阶段，学生便能师从于学校著名的教授讲师，到他们的画室去学习油画。

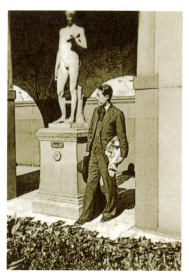

1933 年徐悲鸿重访巴黎高等美术学院　　《达仰像》（素描）20 世纪 20 年代

　　虽然刚刚开始系统研究西洋绘画技法的徐悲鸿在校内还是个新生，但他在赴法之前，绘画艺术在国内已有相当造诣。到了巴黎，他更是废寝忘食地潜心研习。他每天上午在学校画，下午若没有课，又到叙里昂研究所继续画。研究所里有专门雇请的模特儿，花一法郎购买门票就可以进去。不上课的时候，徐悲鸿几乎沉湎于各大博物馆，不知疲倦地认真观摩古今绘画珍品，尤其是塞纳河畔的卢浮宫，更是他常去的地方。

　　虽然每月有津贴支撑日常开销，但是一人的津贴两人用，政局又不稳，学费经常拖欠不能按时发放。徐悲鸿夫妇在巴黎的生活过得并不那么惬意，浪漫就更谈不上了。他们不得不节衣缩食。每到星期日，徐悲鸿只带一块面包、一壶凉水，到遍布巴黎的大大小小的博物馆临摹世界名作，经常一画就是一整天，不到闭馆不出来。长时间的忍饥挨饿，让徐悲鸿原来的胃病加剧，并落下了终身不愈的肠痉挛症。

徐悲鸿从不在意自己健康方面的隐患，他一心在艺术的土壤中尽情汲取着各种养分。他还有个嗜好，最喜欢在回家途中绕道塞纳河边，去那里的旧书摊搜罗画册、书籍，遇到爱不释手的，就会忍不住地倾其所有，丝毫不顾及囊中羞涩。实在没钱了，就站在书摊前翻阅，这一站就是好几个时辰，常常忘记回家。

蒋碧微再次被一心投入到艺术中的丈夫冷落在一旁了。但初到法国的新奇感和学习法语的压力倒是让这位大家闺秀打发了许多寂寞时光，不似在日本和北平时那么烦躁难耐。更何况，她见徐悲鸿这样刻苦好学，心里还是钦佩和欣慰的，毕竟这一次，他们终于如愿双双来到了法国，只要丈夫早日学成，不怕有一天不能荣归故里。

凭着天资聪颖与勤学苦练，徐悲鸿很快就完成了巴黎国立美术

《蜜月》1925 年

学校石膏和人体素描两个阶段的学习，随后师从当时的校长，精于肖像画的弗拉孟，研习油画。

国外的高等院校通常是入学易，毕业难，直到今天亦是如此。巴黎国立美术学校设备完善、环境优雅，有着自由的学术氛围，还聚集着大批名师名家，是很多想要学习绘画的年轻人向往的地方。但他们即使考进去了，要想最终拿到这所名校的毕业证书也不是那么容易的事。艺校的正规毕业生必须通过诸如解剖、透视、美术史等科目的考试，门门及格才能算结业。而徐悲鸿是当时中国学生中唯一通过全部理论考试的人。

弗拉孟教授非常赏识这位勤奋又具有极高绘画天赋的中国留学生，于是，极力推荐徐悲鸿拜法国著名的写实派画家达仰·布弗莱为师。

也许很多人并不熟悉达仰·布弗莱这个名字，但事实上他的艺术成就在当时的法国已达到相当高度，就连当年身为巴黎国立美术学校校长的弗拉孟都对徐悲鸿说，那是法国最伟大的画家。

在采访徐悲鸿的儿子，后来也曾赴法研究美术史的徐庆平时，他告诉摄制组："在19世纪末的时候，达仰还是个年轻的画家。那时，世界上，法国卖过两张破最高纪录的画。一张画大家可能比较熟悉，是巴比松画派的米勒，画的一张特别有名的画，叫《晚钟》，画面上一对法国农民夫妇，在暮色的阴影之中，正在收获田里的马铃薯。此时，他们听到画面中远处尖塔的小教堂敲响了晚钟，便立刻停下手中的劳动。他们都穿着很粗糙的衣服，那个时候法国的农民还穿木板鞋，就是我们的跶拉板，生活非常贫苦，但是他们非常虔诚。他们的那种朴实，那种真诚，感动了观众。所以这张画是世界最伟大的艺术作品之一，在19世纪卖了10万法郎，是当时世界上最贵的一张

《抚猫人像》1924 年

《琴课》1924 年

画。另一张画就是达仰•布弗莱画的《布列塔尼的渔民》，同样在19世纪卖了10万美金，和米勒的《晚钟》一样，是19世纪卖画的最高纪录。"

米勒出生于1814年，他创作《晚钟》的时候，达仰才刚刚出生，而他延续了米勒的写实主义绘画的精神，表现最质朴的百姓和现实生活，尽管他所迎接的时代属于现代主义绘画，但他的艺术成就却毋庸置疑。这位几乎是法国最后一位写实派画家的艺术大师成为徐悲鸿在欧洲进行艺术探索的重要引路人。

达仰17岁师从著名风景画家柯洛（Corot），一生信守柯洛关于"诚实、自信、勿舍真理"的教诲。徐悲鸿对达仰极为崇敬，每到周末就去他的画室求教，进步神速。而"诚实、自信、勿舍真理"也成了徐悲鸿终生奉行的为人处世的准则。真理，正是写实主义的精髓，在徐悲鸿看来，没有精准的造型无以表达情感，而没有对真实生活细致入微的观察无以塑造精准的造型。于是，他抓住一切机会临摹写生，细致入微地观察生活。

在此期间，他的身边人，和他接触最多的人，随时随地都可以被他当作模特观察临摹的人就是妻子蒋碧微。他画下了大量蒋碧微的肖像和两人留法的生活图景。

拉小提琴、阅读、养猫……这些画作中描绘的生活，似乎让人看到一种浪漫的法兰西小资情调，然而现实生活却并非如此惬意。

真宰上诉天应泣

徐悲鸿有一方印，上刻"真宰上诉"四字，这四个字源自一句中国古诗词，"元气淋漓障犹湿，真宰上诉天应泣"。徐悲鸿用此诗句来形容一张画画得元气淋漓，还没有干透未及装裱之时，人们就已经被它感动了，仿佛画家把对人类、对自然的热爱，以及一份对美的深刻理解，都表达到了几近完美的程度，让老天爷都要为你美好的创作、精彩的诠释而感动得掉眼泪。这就是徐悲鸿所追寻的艺术的最高标准。画自然界万物就要画出它的美来，画人物就要画出人的喜怒哀乐，并且把这份情感灌注其中，以至于能够感动上天。

因此，如果徐悲鸿作品中盖了"真宰上诉"这方印，就是他的得意之作，起码他自己认为做到这一点。

而徐悲鸿的法国恩师达仰·布弗莱，也曾跟他讲过："人必须要有吃苦的习惯，只有你吃尽了苦，你才能具有这种替人类表达情感，感动上天的能力。"所以他认为画画的人是应该能吃苦的人，只有能够经历苦境，艺术才能伟大，才能创作出真正的、美好的作品。这种苦境似乎伴随着徐悲鸿一生。早在童年、少年时代，他就曾以"江南贫侠"自居，还刻成一方印章。如今，到了异国他乡，依然饥一顿饱一顿，经济上始终捉襟见肘。贫

《徐悲鸿自画像》1921 年

《徐悲鸿自画像》1922 年

穷，他是不怕的，但物质的极度匮乏却常常将他和蒋碧微逼到十分
狼狈的境地。

　　为了节省开支，徐悲鸿与蒋碧微在巴黎租住的大多是那种老城区司
空见惯的小阁楼。有一次，巴黎突降冰雹。而他们所住的顶楼，为了有
充分的光线，屋顶镶嵌有天窗。一场冰雹砸碎了天窗不说，还让画室里
一片狼藉。按照与房东的协议，房屋如遭天灾人祸而至损坏，必须由租
户出钱修缮。那场突如其来的冰雹让他们几乎损失了两个月的伙食费。

　　幸好，这个时候遇到贵人相助。中国驻法巴黎总领事赵颂南先生
闻讯赶来，一进门就说："我听说你们这一带冰雹成灾，恐怕受到什
么损失，特地赶来探望一下。"这位旅居法国的江苏同乡，十分爱好
艺术，喜欢收藏佳作，又倡导年轻人应心无旁骛专心学习。要不是他
慷慨解囊，当即拿出钱来，徐悲鸿夫妇面对突如其来的经济损失只能
是一筹莫展，束手无策。

若干年后，徐悲鸿在画界崭露头角，为了表达对雪中送炭的恩人的感激之情，特地为赵颂南的夫人画了一幅肖像。

这幅题名为《赵夫人像》的画作已然显示出徐悲鸿的油画作品从研习走向了成熟。以留洋苦学所成回报曾经帮助过自己的恩人，徐悲鸿每一根线条，每一处着色，无不倾注着真诚的感情。

在海外求学更大的窘迫不仅仅是生活费，还有生病时的煎熬。

如今，在位于北京新街口的徐悲鸿纪念馆内，收藏了不少大师留法求学时期的素描作品。可是，人们也许没有注意到，就在一幅笔力遒劲，笔法精细的素描作品上，却有一行这样的小字："人览吾画，焉知吾之为此，乃痛不可支也。"

《赵夫人像》（油画）（局部）1924年

这要从1921年春说起。那年，巴黎举办规模盛大的全国美展，徐悲鸿到位于香榭丽舍大街旁的大皇宫参加了当年的美展开幕式。自1900年作为巴黎世博会的主场地之后，大皇宫一直是专供展览的地方，占地面积非常大，绕行一周不知要走多少路。而徐悲鸿在荟萃法国当代许多名家名作的展厅流连忘返，一整天竟然滴水未进。当他走出会场的时候，

《老妇》（油画）1922年

春寒料峭的巴黎又飘起了雨雪，只穿一件单薄上衣的徐悲鸿空腹遇风邪，寒气侵袭胃肠，突然间腹痛如绞。自此，他患上了终身不愈的肠痉挛症，常常发作，尤其在作画时。这就是为什么现在会在他那个时期的素描作品中看到"痛不可支"字样的原因。大皇宫的全国美展是法国一年一度重要的艺术盛会，这样一座艺术的圣殿，令多少画家渴望让自己的作品在其中占有一席之地，徐悲鸿也同样怀有这一美好愿望，并为之努力奋斗。他付出了时间、精力、心血乃至健康的巨大代价。皇天不负苦心人，仅仅两年后，徐悲鸿的油画作品《老妇》入选了法国全国美展，在巴黎大皇宫展出。

深陷的眼窝，唇边的皱纹，面容姿态中浸润着历经岁月沧桑后的宁静，这幅作品深深地打动了评委和观众。更让欧洲人感到惊奇的是，徐悲鸿用娴熟的西方绘画技法描摹出欧洲老妇的神韵，而他竟然是一位并无西方文化背景的中国画家。真不知这是一种什么样的宿命与巧合。

《老妇》这幅作品其实是徐悲鸿在德国创作的。

1921 年夏天，就在徐悲鸿病情加重之时，由于国内政局动荡，政府中断给予留学生官费。当时，一战后的德国通货膨胀，马克贬值，同样数目的法郎，在德国可增值数倍。于是，徐悲鸿和蒋碧微为充分利用有限的留学经费，趁放暑假之机前往德国游学。没想到，国内直奉战争爆发，北平政局变化无常，所有留学生的官费突然全部停发。原本打算在柏林游历三个月便回的徐悲鸿和蒋碧微被迫滞留德国。幸而他们得到当时中国驻德公使一等秘书张允恺先生热情的接待与关照，才得以在另一个陌生的国度安顿下来。

在德国等待留学官费的徐悲鸿与蒋碧微没有想到，这一等就是21 个月。

狮　吼

《狮吼》（局部）1922 年　　　　　《睡狮》（局部）1922 年

在德国，徐悲鸿爱上了动物园，常常去那里写生，临摹各种飞禽走兽。童年时代因为从未曾见过老虎就画虎而被父亲斥责的徐悲鸿，终于可以在这里尽情地观察每一种动物。

这回，在德国的动物园里，他开始专攻狮子。他曾经在法国的马场练习画马，所绘速写不下千张，还专门研究过马的解剖，完全用西方绘画的眼光画出马的那种骨骼与肌肉一体的感觉。

而德国动物园中的狮子，威严、凶猛、冷酷，它们的立、蹲、走、跃等各种姿态被徐悲鸿一一分解。往往这么一画就是一整天。日子长了，徐悲鸿凭记忆就能将狮子的各种姿态信手拈来般地予以再现。

有人说，爱画动物的徐悲鸿其实是浪漫主义者。他画马的那种激昂的奔腾，用画笔勾勒出马的喜怒哀乐。狮子同样也极受美术史上浪漫派名家的青睐：苏斯尼画过《狮马之搏》，描绘一只狮子跳到马背上去的情景；德拉克洛瓦画过《猎狮》，画中一群阿拉伯人在海岸边与狮子搏杀。的确，浪漫主义画家最喜欢画狮子。

这其实是两河流域的艺术，传说中的美索不达米亚，意思就是两河之间的地方。它和中国艺术、印度艺术、巴比伦艺术以及希腊艺术都是世界文明史上最古老的艺术。而两河流域艺术中，最有名的代表作画的就是国王驾着战车去猎杀狮子，被箭射中后的狮子那痛苦不堪垂死的形态令人震撼。

然而，德拉克洛瓦也好，苏斯尼也好，米索不达米亚的两河流域文化大多都是宣传暴力杀戮。而当徐悲鸿也拿起了画笔画狮子时，却跟西方传统有所不同，不再表现暴力。

油画《奴隶与狮》是徐悲鸿的名作，描绘了一个罗马故事题材。故事是这样的：一个奴隶不堪压迫剥削而出逃。当他跑到原野上的

《奴隶与狮》（油画）1924年

徐悲鸿作品（素描）

《高岗狮吼》1943 年

时候遇到了一只雄狮，奴隶赶快躲到旁边的一个漆黑的山洞里，惊恐万分，不知道等待着他的将会是什么，他把身子紧紧地靠在石壁上缩成一团。雄狮昂首来到洞口，前爪上被扎了根刺，疼痛难忍。原来它并不是来吃掉奴隶的，而是要请求他的帮助。于是，奴隶帮助它把这刺拔掉，狮子得以解脱。可是奴隶却被他的主人抓了回去，扔进斗兽场里，准备向观众展示他怎样在与狮子搏斗之后被狮子吃掉，以供观众取乐。可巧的是，斗兽场放出来的狮子，正是被奴隶在山洞救下的那头雄狮。正当人们眼巴巴等着好戏开场之时，狮子走到奴隶面前，并未发起意想中的攻击，而是趴在奴隶的脚跟前，像猫儿一样的温顺。所有人都惊呆了，认为这个奴隶有魔法，他的法术能够降伏狮子，绝不是一般的奴隶。于是，奴隶主赶紧赦免了奴隶的死罪。

徐悲鸿用了印象派表现光的手法，画出洞外辉煌灿烂的基调，从而衬托出洞内奴隶的恐怖绝望的情绪，整幅画面极具张力。

一个中国的艺术家到西方去学习艺术，以古罗马的故事为题材，却没有随西方的大流，更没有为迎合某种艺术市场的需求去描绘血腥的残杀，而是选择一个特别具有人性之光的故事，人和兽也有可能成为朋友，互相帮助互相报答。这就是中国人的精神境界。

在徐悲鸿创作高峰期，以狮子为主体的作品很多，其中，尤以创作于 1943 年抗日战争时期的《高岗狮吼》最为著名。

那时中华民族饱受外敌入侵，到了最危难的时刻，以逼真的写实手法创作的这一作品仿佛发出了东方睡狮苏醒后的沉沉咆哮声,震撼和激励了无数同胞。也许,在德国的动物园追着狮子写生的徐悲鸿,在那时就已经面朝东方,期盼着祖国复兴,他在默默祈祷中酝酿这雄浑的狮吼已有多时了。

在德国的游学与临摹,让徐悲鸿的画作开始不断走向成熟。此时的徐悲鸿,古典主义、浪漫主义及写实主义兼而有之。他不仅继承了法国式的婉约,也学习了德国式的强悍;他兼收并蓄、博采众长,不仅仅向达仰和普鲁东等画家学习,还吸收了康普、门采尔、伦勃朗等大师的艺术精华。

金秋送爽的收获季节即将来临。

克告小成

　　自 1921 年起为节省开支一直在德国生活的徐悲鸿和蒋碧微，直到 1923 年官费重新续发，才又回到巴黎。

　　1924 年，徐悲鸿的油画不断走向成熟。也许是出于对新生活的热情，这一时期，他绘制了大量以自己的日常生活为内容的作品。

　　徐悲鸿在欧洲留学期间，所画的油画其实不如素描多。一来，徐悲鸿本就认为素描是一切造型艺术的基础，必须先下大功夫学好素描；二来，他在欧洲的经费紧张，画素描比画油画要省钱得多。虽然如此，要想扎扎实实地把欧洲写实主义绘画技法学到手，最终还是要落实在油画上。

　　油画是西洋绘画的主要画种，由于颜料不透明，覆盖力强，所以绘画时可以由浅到深，逐层加色，使绘画产生立体感。而且其颜料干后不变色，多种颜色可以调和在一起，画出丰富、逼真的色彩。油画的这些特点与中国画大不相同。因此，徐悲鸿所绘的油画是除他的素描作品之外，最能让人集中地看到他在欧洲所学的成果的作品。

　　徐悲鸿来欧洲之前，是否画过油画，已不可考。但可以肯定的是，他即使画过，也只是偶然尝试，不能算是正式学习油画。

《懒猫》（局部）1943 年

现存北京徐悲鸿纪念馆中的这幅油画《读书》，画面残损，无纪年，专家们鉴定这是徐悲鸿的早期油画，很有可能创作于上海时期，和赴欧后所作油画完全不同。可以看出，画面整体感觉仍然像水彩，又像布景，用色用笔似乎都不太确定。而徐悲鸿现存油画作品中，有具体年代可考的最早的画作就是《持扇女像》，画于1920年，正是他到法国求学的第二年。

《读书》早期

相比起正式学习油画之前所绘的那幅《读书》，这幅作品用笔坚实稳重了许多，找准了色彩后，一笔一笔摆上去，绝不擦来擦去，冷暖对比的色彩十分丰富。虽然是早期作品，但已显示出了他在油画方面的天赋。

1924年是徐悲鸿的而立之年，他为自己画了一幅自画像。画中依然倔强而严肃的面庞，却更多了一份从容淡定，目光中透出一股对未来求索之路的决心与自信。他在给友人的信中写道："抵欧洲五年以来，勤奋之功，克告小成。"

三十而立的徐悲鸿，在此

《徐悲鸿自画像》1924年

后的三年，佳作不断。画布、纸面上那些精准而灵动的线条、块面、色彩，以及画中人物惟妙惟肖的表情神态，有时甚至带着宁静致远的气场。有谁能够想到，这里的许多美妙作品都是徐悲鸿饿着肚子，忍着胃病的剧痛创作出来的呢？

那时，国内战事频仍，留学生官费时断时续。

1925年，孙中山先生在北京病逝，国内政局再度陷入混乱，官费彻底停发。徐悲鸿陷入极度的贫困之中。他和蒋碧微都不得不通过打工四处筹钱。但是，当时法国国内严重的失业问题尚且无法解决，更别提给外国人提供工作机会了。几番奔走，蒋碧微找到了一份给罗孚百货公司做绣工的差事，而徐悲鸿则替出版商们征集的小说画插图。这样为了温饱辛苦打工的经历对于出身贫寒的徐悲鸿来说算不得什么，可是大户人家出身的蒋碧微，却甚感无奈。她把百货公司的衣服拿回家，按照预先画好的图样绣上花朵和花纹，做好一批再换一批，工资按件计酬，绣一件顶多收入五个法郎。这样微薄的收入实在是杯水车薪。蒋碧微内心不禁深感惶恐："怎么办呢，我们怎么办？"终于有一天，他们在巴黎的生活到了山穷水尽的地步。

在这个关头，徐悲鸿与蒋碧微商量，让他回国一趟设法筹款，如果成功就回法国继续学业。蒋碧微思量再三，无可奈何地点头同意了。这可是他们八年共同生活中的第一次离别。蒋碧微道："如果你筹到的款子不够维持我们在巴黎两年的生活，那么你就干脆寄旅费给我，让我也回国算了。"

此前，赵颂南总领事曾介绍徐悲鸿认识了黄孟圭先生。黄家是福州望族，他的二弟黄曼士侨居新加坡多年，在华侨社会颇有威望。黄孟圭写信告诉黄曼士徐悲鸿的困难。徐悲鸿很快收到回复，信中说道他诚挚邀请徐悲鸿去新加坡住一段日子，他可以介绍徐悲鸿替几位侨领画像，或许能得到数目可观的一笔酬金。

于是，徐悲鸿改变回国的计划，先去了新加坡。

丈夫走后，蒋碧微起初甚感惶恐 —— 自己孤零零一个人在异国他乡，无依无靠，而徐悲鸿此去不知何日能归，能不能筹到钱？想到此，这个当年勇敢非凡为爱逃婚的女人不免有些怯懦。她在《我与悲鸿》一书中写道："我内心难免有恐怖和凄凉的感觉，但是我不会向徐先生表露，因为八年以来，我觉得他从来就不会在感情上对我有所了解和关爱。""起先以为他走了我一定会寂寞无聊，因为这时我已无须再做洗衣烧饭的日常家事……想不到正相反，以后的日子竟过得十分愉快轻松……"

那时，一些留法的中国学生中三两好友集结成社，取名"天狗会"，成员包括张道藩、谢寿康、邵洵美、常玉等人，他们经常邀请蒋碧微一起出去玩儿，泡咖啡馆、看戏、看电影、参加晚宴和舞会。

渐渐地，蒋碧微发现这才是她喜欢的生活。而她一直寄希望于丈夫学成之后，能给她带来这样的生活。

作为一个画家的妻子，一个还在海外求学的穷学生的妻子，多年来蒋碧微陪着徐悲鸿过着饥一顿饱一顿的日子，可自己内心的情绪变化却不愿意向丈夫诉说。日积月累，婚姻的暗礁密布。其实徐悲鸿对蒋碧微不能说没有真情，他在法国留学期间的不少画作都是以蒋碧微作为模特儿创作的，画中透出的那份美丽与自然也正是画家眼中的爱人形象。当初明明是两情相悦，向封建礼教宣战，一起奔向新的生活，究竟因为什么，当生活在了一个屋檐下，两个人的心却越来越远了呢？

婚姻的暗礁

　　徐悲鸿这一走就是九个月。他在新加坡经黄曼士的推荐和介绍，给几位南洋富商画像，半年中，得到六七千元法币。如果除去他来回旅费，剩下来的，若兑换成法郎，数目可以高达七万以上，足以供他和蒋碧微在法国再生活、学习三年。

　　当满心期望丈夫带钱回家的蒋碧微终于盼回了丈夫，却听到徐悲鸿十分欣喜地告诉她，自己回了一趟上海，买到了不少好东西。那笔在新加坡卖画得来的酬金，又因徐悲鸿在国内购买金石字画等藏品，花掉了大半。这让蒋碧微愤怒至极。

　　"我们以后的日子还怎么过呢？"

《睡》（局部）1926 年

《箫声》1926 年

徐悲鸿轻声解释道："钱没有花光，还剩下不少呢。"

事实上，剩下的钱只够夫妻二人在法国苦撑十个月。徐悲鸿只好说再回国筹钱。可是，这一回他们连一趟单程的旅费都凑不出来了。

对物质生活几乎没有任何要求的徐悲鸿，却艺术家脾性十足。他有着千金散尽还复来的潇洒，不注重财务规划，但凡见到爱不释手的艺术品，只要兜里还拿得出钱便会不顾一切地倾囊而出。到了这个份儿上，看着认为"船到桥头自然直"，一副若无其事模样的丈夫，蒋碧微真是心急火燎，除了生气，简直不知如何是好了。

天无绝人之路。正在蒋碧微一筹莫展的时候，中法大学教务长李圣章突然前来拜访，得知他们的困难，立刻伸出援手，借给他们一笔回国的旅费。就这样，1927年4月，徐悲鸿再次回国，途径新加坡作画筹款。

徐悲鸿前脚刚走没几个月，蒋碧微就发现自己怀孕了。她连忙写信告诉丈夫这一消息，请他寄一笔旅费让她回国生产。徐悲鸿很快回信让妻子先到新加坡，二人同船回上海，索性彻底回国安家。这让蒋碧微非常兴奋，她在书中这样写道："出国八年，吃尽了千辛万苦，如今总算可以返回国门了。虽然不是载誉而归，至少，徐先生和我双双旋里，多少可以冲淡一些当年私自出走所受的讥讽和嘲笑。"

由于经济困扰和突然降临的孩子，徐悲鸿夫妇看上去似乎是被迫结束了在法国的学业。后人也许会想，如果徐悲鸿继续留在法国，他的成就是会更人呢，还是就此为生活奔忙，将盖世才华埋没于异国他乡？生活没有如果，不管人生的际遇如何，有一点是肯定的，徐悲鸿一定会回国。尽管他在法国画坛的局面眼见着就要打开，但是他的内心却始终不忘踏出国门时的初衷，他要"改良中国画"，以自己的所

《远闻》1924年

学报效祖国。

1927年9月，包括《箫声》在内的徐悲鸿的9幅作品竟然同时入选1927年的法国全国美展，这在整个欧洲美术史上都是史无前例的，该记录至今无人能超越。蒋碧微眼见着自己的丈夫终于有望成为一名大画家了，不免暗自欣喜，她心想，陪读八年半，苦日子总算熬到头了。

当蒋碧微满怀憧憬坐船抵达新加坡，徐悲鸿却托人留书信一封，转告她自己先行回国，准备在上海为她布置一个新家。也许，徐悲鸿的心情同样地兴奋，他想用这种方式表达对妻子的爱，却不料这一举动并没有让蒋碧微感到幸福和快乐。蒋碧微在书中这样回忆道："我看完信，心里有无限的失望和怅惘，期待了一个月的相见，盼望了好几年的双双归国，如今竟成了泡影，这使我受了很沉重的打击。"

也许"双双回国"对于蒋碧微来说就如同一个仪式，可以在这个特定的时刻彻底去除因当年私奔而郁积多年的心结，让父母亲人相信她的选择是对的，自己最美好的青春年华陪伴的是一位学有所成、不负众望的夫君。然而，如今却因为没有了男主人公，这个"仪式"成为泡影。这份打击让蒋碧微的心结缠得更死了，而一心在上海布置新家的徐悲鸿对此却毫无察觉。

学有所成的艺术家徐悲鸿，有些时候，在有些事情上或许是愚钝的。

第三章　信念之舵

如果说徐悲鸿去西方学习是为了实现他改良中国画的理想。那么，在他学业有成、荣归故里之后，面对满目苍夷的祖国，他终于将手中的画笔变成了救国救民的利器。这一期间，徐悲鸿开始真正践行自己的艺术理想，中国画坛上史无前例的鸿篇巨制都在他的笔下一一诞生，他开创了中国绘画史上大型历史人物题材创作的先河。

南国义

在 20 世纪 20 年代末，像徐悲鸿这样考取官费出洋留学，在海外完成学业并在所学专业领域崭露头角、荣归故里的艺术人才，还没有等他自己回国找工作，设在南京的国民政府直属的中央大学，就已经聘请他为艺术系教授了，薪金高达每月 300 块大洋。

据徐悲鸿与蒋碧微的女儿徐静斐介绍："当时我爸爸在中央大学美术系当教授，每个月的工资是 300 块，非常高。那个时候一个人伙食钱一个月最多一块多钱都能吃得很好，所以 300 块钱收入对我们来说很富裕的。"

《自写》1938 年

1927 年 12 月 26 日，长子徐伯阳出生。此时，徐悲鸿全家也搬进了位于当时上海富人区霞飞坊的新居。在今天的上海市淮海中路上，那条颇有知名度的里弄淮海坊，就是 1929 年前的霞飞坊。至今还保留着成片的西式联排公寓，曾经有不少文化名人在这里居住过。

蒋碧微初为人母，她的父母也搬进了霞飞坊，亲人团圆，生活安稳，对比在海外的艰苦陪读，此时的蒋家二小姐心情十分愉悦。她在书中写道："我常常想，像我这样结合十年方始有'家'的女人，在世间恐怕不多，此后，上天总不会再把我的幸福快乐剥夺了吧。如今徐先生是一位声名鹊起的画家，身体健康，精力充沛，他就像一位精神抖擞的斗士，站在他未来康庄大道的起点，用他这支如椽画笔，辟出他的远大前程，那时，我将分享他的成功果实，并且为他骄傲。"

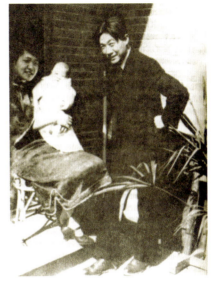

徐悲鸿、蒋碧微在福建省教育厅内的住处

但是，宁静安定的生活没过多久，徐悲鸿的行踪就又让蒋碧微担心起来。除了每月有两周赴南京授课之外，其余在上海的时间徐悲鸿却并不在家，而是去了一个被称作南国社的地方义务教学。

当时的南国社，又叫南国艺术学院，它的创始人就是左翼艺术家联盟的重要代表人物——田汉。这位自"五四"运动起就投身于反帝反封建运动的著名左翼戏剧家，在"三·一八"惨案发生后，和一批爱国人士一起，向国人发出号召，团结同胞反抗日本侵华，他们还拍摄了大量救亡电影。一股左翼文化思潮随即席卷上海。

徐悲鸿与田汉有着共同的艺术主张，都希望艺术能发挥其独特的作用，参与国家的救亡图存。就在徐悲鸿刚刚回国后不久，田汉便邀请他担任南国艺术学院的美术系主任。

此时的中国正处在一个风雨飘摇的动荡时期。内忧外患的局势，使一直以图强报国为己任的徐悲鸿焦虑不安。他的大女儿徐静斐在采访中回忆道："田汉有一年被抓到监狱里去，我父亲要保田汉。为了这个事情跟我妈妈吵架，我妈妈说你净跟这些危险分子、跟这些穷朋友在一起，他们会影响你的前途。"而为人正直、性格倔强的徐悲鸿并未因为蒋碧微的反对而停止自己在南国艺术学院的教学与创作。

1928年，日本军队制造了"济南惨案"，屠杀中国军民近万人。徐悲鸿按捺不住心中的悲愤，开始创作巨幅油画《田横五百士》。这得到了学生们的热烈响应，他们纷纷自告奋勇充当模特。后来也成为著名画家的吴作人，当时正在南国艺术学院求学，师从徐悲鸿。他也受到老师感召，成为这幅名作的模特之一。这幅画作中的每一个人物都有模特原型，徐悲鸿为他们一一画了铅笔稿。这些珍贵的手稿，至今还保留在北京的徐悲鸿纪念馆。

2011年10月，当摄制组跟随徐悲鸿的一批重要画作来到美国丹佛拍摄大师的个人作品展时，有幸见到了油画《田横五百士》中的另一位模特原型的后代谢诚刚先生。谢成刚非常自豪地介绍道，他父亲的画像就在《田横五百士》的左边第八个。

徐悲鸿还把自己也画了进去。作品中部那位穿着黄衫的年轻人正是画家本人。这位黄衫青年在画中正用坚毅而感佩的目光望着眼前一位抬手作揖、向众人告别的义士，也就是这部作品的主人公——田横。

田横是我国历史上战国末期齐国著名的义士。《史记》中记载田横让人取自己的人头去会见前来招降的汉高祖，这样既免去受降的屈辱，又可保全五百名士兵的性命。

这幅油画描绘的就是田横与五百壮士诀别的场景。司马迁深感于这种壮烈，在《史记》中写下这样的感言："无不善画者，莫能图，何哉？"这深深触动了徐悲鸿，他要用西洋技法再现那悲壮的

《田横五百士》（油画）1930年

历史，意在通过田横与五百壮士的故事，歌颂宁死不屈的精神，以激励广大人民抗击日寇。

传统的西方写实主义油画大多选取古罗马题材的故事予以表现。徐悲鸿却选择了中国的大型历史题材，这也是他留法归国后，第一次用所学的西洋油画技法表现东方故事。

研究美术史的徐庆平老师说，他的父亲当时之所以选择创作《田横五百士》这一选题，最重要的考虑是基于到底什么最能代表中华民族的精神。"就是孟子所说的，'富贵不能淫，贫贱不能移，威武不能屈，此之谓大丈夫。'他就要画这张画，表现中国人，表现中国的精神，表现中国艺术家的水平。所以他要把自己画进去，把自己好朋友都画进去。"

不仅如此，徐悲鸿还将自己的妻女也画进了《田横五百士》。在作品的右下方，怀抱幼女蹲在人群中的女子就是以蒋碧微为原型创作的，而她身旁的小女孩儿正是他们的女儿徐静斐，小名丽丽。也许，

《田横五百士》画稿 1930 年

徐悲鸿从内心深处希望家人能够支持他对此画的创作，能够与他站在同一条战线上，尤其希望那时跟他日日争吵的妻子蒋碧微能理解他、支持他。

然而，蒋碧微从她自己的角度出发，并不能理解丈夫的行为。她始终认为，在南国社与田汉等人搅在一起，没有什么好前程。在海外八年半，与徐悲鸿一同吃尽寒窗之苦的蒋碧微，回国后满以为丈夫现在成了名画家，一家人从此可以过上舒适体面的上流社会的生活。但徐悲鸿却天天泡在画室里画历史题材的巨幅油画，不去迎合达官贵人们喜欢的那些应景的附庸风雅的画作。

一天，蒋碧微再也无法忍受，决定采取行动。她不仅亲自雇车来到南国艺术学院，拉走了徐悲鸿全部的画具和书籍，还逼迫他辞去了南国艺术学院的教职，举家迁往南京。

1930 年，《田横五百士》终于完成。这一年，徐悲鸿刚满 35 岁。一个正值创作高峰的青年才俊，一个刚成为两个孩子的父亲的人，一个已然在海外开创辉煌业绩，并在国内声名鹊起的艺术家和美术教授，却同时又面临着国家危亡的局面。他有着无与伦比的天赋与精湛的绘画技艺，却偏生于乱世；他有着救国救民的抱负，却偏娶了一位渴望过安定富贵生活的妻子。

徐悲鸿的情感纠结与艺术理想就这样始终交织着、缠绕着，这一直伴随着这个倔强、天真、自我的男人，这位求真、求善、求美而不懂世俗之道的大画家。

二徐之争

1929 年 4 月，当时的国民政府在上海举办了"第一届全国美术展览会"。就在对这次美展盛况的赞颂不绝于耳之时，一封批评信却寄到了《美展汇刊》编辑部。此刊主编是一代文化名流徐志摩，他丝毫不敢怠慢，因为投寄批评信的不是别人，正是在美术界如日中天的画家徐悲鸿。

原本，徐悲鸿是与王一亭、林风眠、刘海粟、徐志摩等七人一同被推为总务会常务委员，但徐悲鸿认为美展有可能被形式主义画派所操纵，拒绝参加展出，以示抗议。

徐悲鸿

他在信中毫不客气地写道："在我徐悲鸿个人，却将披发入山。不愿再见此类卑鄙昏聩黑暗堕落也。"他这是在严厉批评政府花费巨资购买一些在他看来毫无价值的西方画作，将之比作吗啡、海洛因。

"无耻之作""卑鄙昏聩""黑暗堕落"，对西方现代派艺术的怒斥竟然出自曾留洋多年的徐悲鸿之口，这引起了留英归国的徐志摩的"困惑"。在他看来，徐

徐志摩

悲鸿的观点太过于老气横秋、意气用事，不应将正风行于欧洲的现代艺术流派，批得如此一无是处。于是挑灯夜战，写成批徐长文《我也"惑"》，一同发表于《美展汇刊》第五期上。

徐悲鸿见状，哪肯示弱，又写了一篇《惑之不解》，坚持自己的观点。

当时的西方艺术正处于流派多样的繁盛时期，而中国则处于古典文化停滞的阶段，需要靠急速西化和现代化的推进来改变现状。徐悲鸿与徐志摩在选择对西方的文学艺术进行学习与探究这一点上是一致的，只是在究竟是选择古典写实艺术，还是选择现代派艺术这两个方向上，产生了分歧。

徐悲鸿在中国画改良方面属于前卫派，主张将西洋绘画和中国画相融合，借鉴西洋画，改良和复兴中国画。但他所选择的写实主义在西方来讲，却已经算是传统派了。这就是为什么后来常常有人批评徐悲鸿的激进阻碍了中国现当代艺术的发展。

然而，客观地讲，从当时世界整个的文化背景来分析，早在徐悲鸿留学欧洲之前，现实主义思潮已经兴起。徐志摩曾说，不论从新诗的创作还是艺术评论方面，他都赞同西方的普遍共识，那就是学院派的写实主义绘画已经过时了。

可徐悲鸿却看到在西方已经过时的东西却正应了中国民主革命的需求，甚至中国的各阶层头面人物也要求用写实主义手法来表达中国现实，反映中国历史。当山河破碎的祖国面对日军的侵略，自己的同胞过着颠沛流离的生活，作为画家，曾经看过不下 300 多幅塞尚作品的徐悲鸿，不相信那些花哨抽象、令人迷惑不解的形式主义作品能够给苦难中的人民带来任何勇气和力量。

徐悲鸿公开提倡写实主义就是要正视现实，直面人生。而直面人生恰恰是他所一直推崇的求真。当时以真为美，以心为美，也正是"五四"精神带来的思潮。

徐悲鸿一生都在"求真"，而且并不只是口头上说说，他一直在用行动和创作实践着自己的艺术主张。

1931年，徐悲鸿又用写实主义手法创作了国画《九方皋》，试图在题材和技法上改良当时中国画界的颓风。

一生致力于传承和研究父亲作品的徐庆平在采访中讲了很多生动的故事，都是徐悲鸿名作所绘的历史故事背景，可谓绘声绘色。

"九方皋是传说中伯乐的好朋友。这幅作品借用了古代一个有趣的故事：伯乐到晚年的时候，有一次为春秋时期负有盛名的君王秦穆公相马。秦穆公对伯乐说：'你的岁数大了，你的儿子、孙子里面有没有具备相马才能的人呢？把他介绍给我吧。'伯乐说：'我的子孙都能相马，但他们只能够看出马的好坏，而看不出千里马来，他们还不会识别千里马，因为没到那个水平。但我可以给你介绍一个人，我的一个朋友，名叫九方皋。九方是复姓，他姓九方，叫皋。'秦穆公说：'好，那就请他来帮我挑一匹千里马吧。'于是，伯乐就让九方皋去找马，找了三个月，找回来一匹黑马。这马似乎也通人性，它见到九方皋仿佛见到了一个知己，抬起头来仰天长啸，马蹄子也欢腾地跳跃，活力十足。九方皋不动声色，非常专注地将这匹马上下打量，胸有成竹。他前去禀报，说自己找到了一匹天下最好的马。秦穆公问：'你找到的是匹什么颜色的马？''找到一匹黄马。''公的母的啊？''母的。'可待国王派人把马牵来，却看到一匹黑色的公马。秦穆公大怒，便责怪伯乐：'你介绍的是个什么有能耐的人？给我相马，结果连皮毛的颜色，公的母的都搞不清楚，他还相什么马？'伯乐听后，不但没有沮丧，反倒说：'这恰恰说明

《群马》1940 年

九方皋的本领不在我之下，只在我之上啊.'原来九方皋相马是由内
而望其外。他所在意的都是马匹内在的东西，而不光是看外表的皮
毛，也不注重是公的还是母的，他就只关注这匹马内在的精华部分。
见其精而望其粗，他看到都是需要看的，至于一般人看的东西他都
不看，见其所见，不见其所不见。"

　　徐悲鸿选择把这个古代故事通过他的画笔讲述出来，就是想要针
砭时弊。他认为中国的艺术界在当时太缺乏高明之士出来开铺新路。

多数画界人士拘泥于"四王"，照葫芦画瓢，少有个人的独创。正所谓"千里马常有，而伯乐不常有"。只有多一些伯乐、九方皋这样的有识之士，中国才可能有大量的人才被发掘出来。所以徐悲鸿要传达中国正求贤若渴，需要伯乐、九方皋，需要见识广博之人这样的一种召唤，而艺术家同样也应该像九方皋一样见其所见，不见其所不见，见其精而望其粗，在其内而望其外，对待事物抓住本质，一针见血，才能事半功倍，有所建树。

除了题材上的选择多为古代人物历史故事，在绘画手法上，徐悲鸿也向世人展示了西方写实主义手法与传统东方笔墨相结合是如何在中国国画上发挥着神奇效力的。

中国古代画人物很少画出人体的裸露部分，主要原因是古人缺乏对人体结构的透彻了解。而徐悲鸿在《九方皋》中展示出了超强的造型能力，人物的胳膊、腿，甚至上半身多半裸露。更令人称道的是画中对于马的表现：寥寥数笔就将马的形象逼真再现，不仅有神，而且有形，而所有的这一切"形"，都是用中国传统的写意方法一挥而就的。

将对西画的理解融入国画之中，却并未减弱国画的特性，《九方皋》可以说是徐悲鸿探索国画改良的精品。

但是，这种新的画风出现后，遭到守旧派的猛烈攻击。当时很多人抨击他破坏国画，这激怒了徐悲鸿。所以，后来他干脆提出"素描为一切造型艺术之基础"的著名论点。

采访中，中国美术馆研究员刘曦林这样评价道："徐悲鸿这个人也有他可爱之处。他虽然不是个美术史家，却写了很多美术史的文章。但是我认为他主要是个艺术家，艺术家有他性情的一面，在学术上他也这样，一意孤行。一意孤行我认为对一个艺术家来讲是非常重

《九方皋》1931 年

要的，他不一意孤行他就没有自己独特的艺术风格。"

今天，战争早已远去，和平时代的艺术百花齐放，中国的当代艺术抽象绘画一度掀起国际追捧的热潮。是徐悲鸿错了吗？不，因为他生活在那个时代。

艺术的流派也许有时代的需要，但艺术永远是艺术。回头想来，还是当年那位迎击笔战的非美术界才子徐志摩，写下了最为真切的一个徐悲鸿：

"你爱，你就热热的爱；你恨，你就热热的恨。崇拜时你纳头，愤慨时你破口。眼望着天，脚踏着地，悲鸿，你永远不是一个走路走一半的人。"

争议一直伴随着徐悲鸿，但他从没有妥协。唯一让他妥协过的只有一件事，那就是他的婚姻和家庭。

危　巢

1929 年 5 月，徐悲鸿一家移居南京之后，搬了两次家，生活很不安定，大儿子徐伯阳才一岁多，蒋碧微又怀上了女儿徐静斐。他们从石婆婆巷搬到丹凤街的中大宿舍，苦熬了两三年，终于在 1932 年搬进了位于傅厚岗 6 号的新居。

这幢西式的两层小楼拥有花园和阳台，两株枝繁叶茂的大白杨树遮挡着徐悲鸿画室西晒的阳光，环境十分惬意。如今，经过了半个多世纪的岁月变迁，这幢小楼的格局早已今非昔比。但是，从这个花园别墅式的小洋楼里，人们依然能够感受到它曾经的海派优雅与欧式情调。

在一张当年拍摄的照片中，小院落里高朋满座。

据说，由女主人蒋碧微组织的文化沙龙和名流派对让徐家公馆一度闻名于南京的上流社会。

徐悲鸿却给这个新家冠名为"危巢"，意为"居安思危"。他对蒋碧微在这座"危巢"里安排的各种社交活动丝毫不感兴趣，常常早出晚归，甚至滞留在中央大学一心作画，不回家。夫妻俩的关系貌合神离。

今天的南京东南大学是当年国立中央大学旧址的一部分。校园内的体育馆是一座老式建筑，1949 年前的风貌还一直保留着。而在 20 世纪 30 年代，这里曾是中央大学美术系的绘画教室，徐悲鸿授课的画室也在这里。

在徐悲鸿的一生中，除了进行艺术创作之外，他大部分时间都致力于美术教育事业。他是个社会活动家，而他参加的社会活动也大多与美术教育和艺术理论探索相关。为了推行自己的艺术主张，徐悲鸿一直不遗余力地发掘人才，并予以栽培提携。

徐悲鸿生前有不少照片都是与学生们在一起合影的。有一张拍摄于 1933 年 5 月的巴黎，镜头中都是由他举荐选送到法国的留学生，其中不乏日后成为一代大家的艺术大师。王临乙、吕斯百、艾中信等，这些在中国当代美术史上赫赫有名的人物，都是徐悲鸿亲自挑选培养，并举荐选送到法国留学的高才生。

自 1927 年徐悲鸿结束欧洲的学业归国，时隔六年，徐悲鸿再次出现在法国巴黎。这次，他不仅仅是前来看望这些学生，更重要的是，带着一批优秀的中国艺术家作品来欧洲办展览。

1933 年 5 月 10 日，"中国近代绘画展览"在巴黎国立外国美术馆开幕，展出了中国近现代画家作品 300 多幅，约有 3 万人次前来参观。大评论家加米勒莫克莱在《费加罗报》和《民族之友》等报刊发表了 3 篇评论，赞扬中国绘画艺术。欧洲各大报纸也争相报道此次画

20 世纪 30 年代中期徐悲鸿与中央大学艺术系部分师生合影

中国绘画展在巴黎举行　　　1933年徐悲鸿赶赴欧洲，举办近代中国画
　　　　　　　　　　　　　展和他个人作品展览

展并发表评论文章。原计划一个月的展期，由于观众太多，又延长了半个月。

徐悲鸿的《古柏》、齐白石的《棕树》、张大千的《荷花》等12幅中国近代佳作被法国政府收藏。自这次画展之后，巴黎国立外国美术馆特辟了一间中国画陈列室。

当时处于战乱中的中国，国力孱弱，无暇顾及中国艺术品在国际上的地位。但这一次，徐悲鸿带去的作品征服了西方世界，欧洲观众第一次如此集中地领略了中国画的魅力。紧接着，徐悲鸿又接到了比利时、德国、英国、意大利、苏联等国的邀请，于是他将所带去的中国画家的作品悉数送往上述各国展览。几乎每到一处，都掀起一阵中国艺术的旋风，受到公众热烈的赞誉。徐悲鸿就是这样不遗余力地在中西文化的长河间摆渡。

他的名字，开始频繁出现于当时的各大报刊上。名教授、大画家、把中国美术介绍到欧洲的先驱……然而，所有这些溢美之词和耀眼的光环却无法囊括徐悲鸿当时生活的全部，也无法阻止现实生活中暗流涌动的危机。

就在巡回展期间，蒋碧微无意中发现徐悲鸿原来一直在和一个

《人像》1936 年

《孙多慈像》

她最不想见到的人保持着通信，为此，夫妻二人又是一番争吵。

原来，徐悲鸿曾向蒋碧微坦言，他因为爱才，专为一位名叫孙多慈的女学生额外辅导，还带她到画室参观，为她画像。有一天，这个年轻的姑娘跟徐悲鸿聊起自己的身世，说到自己的父亲原是孙传芳的秘书，1928 年国民革命军北伐，孙传芳的军队兵败，她的父亲曾被关进监狱，一家人终日生活在不安与惶恐之中。听到此，徐悲鸿顿生怜悯，不禁为这位才华横溢的女学生担忧，对她说："无论如何，现在有一个人在关心你！"说着，轻轻吻了吻她的额头。

孙多慈，就是与旅欧期间的徐悲鸿一直保持通信的那个人。这位江南才女，性格温婉，19 岁那年考取了中央大学艺术系，师从徐悲鸿学画。她刚一开始作画，就得到老师的赏识。

徐悲鸿向妻子坦言他与这位女学生的交往，蒋碧微听后如同五雷轰顶。虽然徐悲鸿声称自己并不想和谁离婚，和谁结婚，只是看重孙多慈的才华，想好好栽培她、引导她，使她成为有用之才。蒋碧微还是无法接受，从此开始了对丈夫更多的猜忌。

就在赴欧洲举办中国书画展之前，蒋碧微曾命佣人将他们南京新居中新栽的枫树苗全部连根拔起做炊火之用，起因也是孙多慈。被烧掉的枫树苗是孙多慈特意买来，为祝贺师长新画室建成，用来装点庭院的。徐悲鸿从此将画室命名为"无枫堂"，并刻下了一枚"无枫堂"印章，足见他对蒋碧微烧树苗这一举动是多么的耿耿于怀。

渐渐，师生恋的传闻开始闹得满城风雨。这不仅让原本就矛盾重重的徐悲鸿夫妇的关系更加恶化，也让年轻的孙多慈饱受非议与委屈。外界的压力反而让徐悲鸿与孙多慈走得更近。终于有一天，徐悲鸿给蒋碧微寄去一封信："吾人之结合，全凭于爱；今爱已无存，相处亦不可能。"

艺术家徐悲鸿不会撒谎，在艺术上"求真"，在情感上亦是如此。他离开南京，离开了被他命名为"危巢"的家，前往广西。他随身带着一颗红豆和一方绣着"慈悲"二字的手帕。这都是孙多慈寄给他的，她取徐悲鸿的悲和自己名字中的慈，合在一起正好是"大慈大悲"。

才女孙多慈，在如花的年纪，本有着光明的未来和众多的追求者，但她却无论如何也没想到自己会闯入大画家徐悲鸿的感情世界，并为此付出了沉重的代价，一生也逃脱不出这段情感阴影。

徐悲鸿在法兰克福举办《中国绘画展》时的展览目录

1934 年 4 月徐悲鸿在罗马

《孙多慈像》1934 年

就在此时，抗日战争爆发了，通信、交通都变得十分困难。

徐悲鸿首先回南京想接妻儿去广西避难，却遭到蒋碧微的拒绝。他并不知道，与自己已经感情破裂的妻子，正被另一个男人，国民党政府要员张道藩护送，前往重庆。

1937 年 11 月，徐悲鸿也来到重庆，试图在战乱之中与蒋碧微修复感情，却不料吃了闭门羹。蒋碧微在书中回忆道，徐悲鸿令人意想不到地突然间痛苦起来，抽抽搭搭地说："记得在南京大轰炸的时候，我们一道躲在防空壕里，我想我们还是不要再闹了，时局已经糟到这步田地，再闹下去又有什么意思呢？"可是，徐悲鸿万万没有想到，心已死的蒋碧微竟然表现得极为冷漠，只跟他谈每月交出薪水一半作为生活费的事儿，不愿与徐悲鸿重修旧好。一个知识女性自有她的骄傲，此时的蒋碧微对徐悲鸿已经再也生发不出当年少女时的爱恋，经过岁月的磨蚀和婚姻暗礁的冲撞，他们的感情彻底地走向了破裂。也许两个原本就志不同道不合的男女走到一起，这样的结局在所难免，但是对于一个内心柔软、敏感重情的艺术家而言，蒋碧微的冷漠还是让徐悲鸿痛苦不堪。他曾在给友人郭有守的信中这样写道："弟家庭之变，早至无可挽救，且分离日久，彼此痛痒不复相关。今幸碧微振起奋斗，力谋自立，又蒙诸至友如兄等扶持，有所工作，亦足以慰藉其痛苦之心灵。弟精神日疲，不能自存，而责任加重，命运偃蹇，日暮穷途。"

既然蒋碧微拒绝和解，徐悲鸿也不再强求，当即收拾衣物从重庆的家搬到中大宿舍居住。

在那个无家可归的夜晚，徐悲鸿独自在四川的嘉陵江畔徘徊，忽然有一个身背竹篓捡拾破烂的妇人蹒跚地向他走来。看到这样的情景，徐悲鸿本能地从身上掏出了自己所有的钱，塞到老妇人手中。那老妇人却十分意外，望着他发呆。此情此景让徐悲鸿想起了自己的身世，自己从贫苦人家走向大千世界，如今他已四十多岁，而国家却依然穷困，百姓依然贫苦。于是，他回到画室，立刻提笔画下了著名的画作《巴之贫妇》。

当画家绵软而敏感的内心被触动，真实的情感便化成有力的线条与色彩，爆发出艺术的力量，感染无数的观众，不分阶层，甚至不分时空。

2010 年 12 月 10 日，徐悲鸿于 1938 年在重庆创作的《巴人汲水图》在北京翰海拍卖公司主办的秋拍会上以 1.71 亿成交。

此画早在 1938 年一经展出即被誉为"五百年来罕见之作"。当时的印度驻华公使当即提出重金购买。徐悲鸿为抗日救国筹款，依原样重新绘制了一幅。现存于世的两幅《巴人汲水图》，一幅藏于徐悲鸿纪念馆，另一幅被印度公使购买后，流转了 72 个春秋，让无数收藏家倾倒。

耐人寻味的是，徐悲鸿第一幅突破亿元大关的作品，不是奔马，不是雄狮，也不是他的历史题材油画，而是四川嘉陵江边挑水的老百姓。这幅画创作于抗日战争最艰苦的时期，构思了很久，画的就是重庆大学对面的松林坡。当时徐悲鸿的许多创作都是在煤油灯下完成的。勤劳淳朴的人民激发着画家的创作灵感，徐悲鸿再次把自己画入作品之中。在《巴人汲水图》中段那位穿长衫的人就是他本人，虽是一介书生打扮，却和其他人一样挑水，他认为自己也是劳苦大众中的一员。画面中的徐悲鸿自画像，眼神中充满了对下层贫苦百姓深沉的

《巴之贫妇》1937年

爱怜与同情。

　　徐庆平分析《巴人汲水图》道："为了表现劳动者的辛苦劳作，徐悲鸿用大角度人体来表现每一位人物。其中一位挑水的妇女，画得非常结实，非常纯朴，但同时也表现了劳动者的尊严，和米勒笔下的劳动者一样，心灵非常纯洁、高贵。画作中居前挎水的一个人头上带有伤疤。因为南方的天气太热，人的头上经常长疖疮，长了以后会留下疤。一个小小的细节就刻画出一个典型的劳动人民形象，可是又被画家画得很美。它栩栩如生地描画出那个时代下层劳动者的真实生活和所处的环境，这个伤疤显得那么自然、那么美。"

　　"通常西方画多用横幅，特别是带景的一定要横幅，这样，景物才能有更多的空间去表现，竖着的话空间太小了。然而《巴人汲水图》却是竖幅的，自然，其构图的难度也更大了。"徐庆平说，父亲徐悲鸿曾回忆此画在重庆图书馆展出时，别的画都是顺着挂，唯独这幅画挂在楼梯旁边，竖着的，又特长，正合

《巴人汲水图》1937年

适，特别轰动。"所以是非常富有人情味、非常有画家自己的感情寄托，真正想要感动上帝的这样一幅作品，替人类申诉，用他的话讲叫替人类申诉的作品。所以这幅作品也是徐悲鸿人物画中的一张杰作，能够体现他的艺术观和价值观。"

这幅作品被誉为徐悲鸿最具人民性和时代精神的代表作，是真实记录民众生存实况的艺术珍品。它无以替代的艺术价值正是作品完成 72 年之后能拍出 1.71 亿高价的原因。

一个能如此点石成金的名画家，生前却并不看重金钱。除了给那个回不去的家按月给付妻儿的生活费之外，徐悲鸿的收入不是全部捐赠出去就是购买书画藏品，而他自己的生活过得非常简朴。他一直视自己是劳苦大众的儿子，是正蒙受苦难的华夏子孙中的一员。

为了用实际行动支援抗战，徐悲鸿开始四处奔走举办筹赈画展。

情缘交错

　　徐悲鸿离开重庆后，到长沙找到了孙多慈，并将她全家接到桂林。他想尽其可能地为他所喜爱的女学生做点什么，于是，帮助他们父女在广西省政府谋了一份差事。

　　这是徐悲鸿和孙多慈一生中唯一短暂相处的日子。他们常常同往漓江写生，情投意合，分享艺术带来的欢乐。这些都是不关心艺术的蒋碧微无法带给徐悲鸿的。不久，徐悲鸿在《广西日报》上刊登了一则与蒋碧微"脱离同居关系"的启事，希望能与孙多慈"有情人终成眷属"。此事让蒋碧微十分记恨，心里打定主意坚决不同意离婚。

　　徐悲鸿面临的困境却不仅仅是蒋碧微的盛怒和拒绝，还有孙多慈父亲的阻挠。这位传统而古板的老先生在关键时刻出面反对，并一气之下带着女儿离开了桂林。谁想到这一走，让一对情投意合的人此生此世永远分离，直到孙多慈64岁在台湾去世，两人也未能再相见。

　　深陷情网的孙多慈一病不起，在病中呼唤着徐悲鸿的名字。她曾给徐悲鸿写过十几封信，信中却以尊师相称，从不称他"悲鸿"。深藏的感情眼见着结合无望，弃之不忍，家里又为她相中了一位追慕者，时任浙江省教育厅厅长的许绍棣。孙多慈心急如焚地发电报要求徐悲鸿来一趟浙江。无奈此时

20世纪60年代孙多慈在台湾

《怀素》1937 年

徐悲鸿接受了印度之行的邀约，已经去了新加坡。兵荒马乱之际，孙多慈只好寄出了最后一封绝望而深情的信，表达自己后悔没有抗拒父母之命，未能与徐悲鸿结合的心情，并相信今生今世会再见到"我的悲鸿"。远在海外的徐悲鸿担心会耽误孙多慈的青春，只得回了一封绝交信，并将他们之间所有的信和物品都烧掉。然而此后，徐悲鸿不止一次地说过，这件事太对不起她 —— 孙多慈。他更不知多少遍书写着孙多慈在最后一封信中赠予他的诗：

> 一片残阳柳万丝，
> 秋风江上挂帆时。
> 伤心家国无限恨，
> 红树青山总不知。

后来，与徐悲鸿失去联系的孙多慈年龄渐长，在将近 30 岁时嫁给了膝下已有两个女儿的许绍棣，并于1948年与丈夫、父亲和儿女去了台湾。

《漓江春雨》1937 年

　　孙多慈本人也是一位出色的画家，继承徐悲鸿衣钵，长于写实主义人物肖像画，在台湾也是桃李满天下。她在 20 世纪 50 年代听闻徐悲鸿去世的消息时，曾悲痛欲绝，为徐悲鸿守孝三年。

　　相比起那个在画坛坚持己见不轻言放弃的徐悲鸿，在情感之路上，他似乎又是优柔寡断的，难以下决心舍弃自己的家庭和儿女。在那战火纷飞、兵荒马乱的动荡时期，和才情出众的孙多慈在广西的那一段形影不离、一同作画的日子，给徐悲鸿带来了丰富的创作灵感，同时，也把遗憾和无奈的叹息留在了心底。

　　徐悲鸿的中国画名作《漓江春雨》就创作于这一时期。

　　山影在水中荡漾，春雨飘洒、雾气弥漫在空气中，模糊了周边秀美的山与树，好一幅水天一色的美景。除了在近景上的一叶扁舟之外，没有一根轮廓线。这位留学欧洲，十分强调素描基础和线条的画家，却将中国画大泼墨的特点发挥得如此淋漓尽致，并成为在中国画中，画构水面倒影的第一人。

有谁能想象得到，能够画出如此静谧美景的人，是曾用激烈的言辞称塞尚、马蒂斯、莫奈等世界名家的画为"无耻之作"，引起美术界轩然大波的徐悲鸿。以至于今天还有推崇现代派的人抨击徐悲鸿是阻碍中国现代艺术发展的罪魁祸首。徐悲鸿曾多次拒绝为蒋介石画像，并赶走对他进行威逼利诱的国民党高官，曾一人直面声势浩大的"倒徐运动"，还在自己的家中高悬"独执偏见，一意孤行"的匾额。他的一身傲骨如同笔下的奔马一般，桀骜不驯，特立独行。然而与此同时，面对个人的感情生活，他却一度无法把控。就这样，内心的绵软与倔强同时存在，不朽杰作的问世以及耀眼的成就与光环伴随的却竟是一段不同寻常的悲情人生。

与孙多慈在广西诀别后，徐悲鸿也深受打击，心力交瘁。于是，他一个人跑到广西与贵州交界的偏僻矿区一处名为"八步"的小村庄住下，与世隔绝起来。友人郭有守曾来信劝徐悲鸿与蒋碧微和好，"天下到处都有美女，又怎能个个娶来为妻？你实在太傻了！以一个大艺术家竟这样看不开，恐怕将来会受累无穷，实在为你可惜，

1931年"国立中央大学"艺术科部分师生合影

还望悬崖勒马，早日返渝 ……"但此时的徐悲鸿形单影只，避世乡野，完全把控不了自己的情感归宿和家庭幸福，他心灰意冷地回复郭有守："盖碧微从前虽对弟切齿痛恨，究亦尚具恩爱。自去年八月后，便只有恨无爱，弟当年容有二心，但未尝无爱，且从未甘心如来书所指之俗气，嗣后日夜思维，觉得虽说不是冤家不聚头，毕竟不能完全以恨结合，若谓相处可似朋友，而世上实无气味全不相投之朋友 …… 弟良心不泯，她虽对我如此，我总不忍抛弃，故甘愿担任其生活所需，亦因弟之收入较之为多，否则一受辱被逐之我，宁来供养逐我之人？"

一个画家，有着普通人情感的画家，从有家难归到无家可归，徐悲鸿似乎是自己选择放弃了安逸平稳的生活，又似乎是命运将他推向了这个只属于他的角落。奈何情路坎坷，徐悲鸿在孤独中漂泊异乡，此时竟没有一个温暖的港湾让他安心创作。

1938 年 6 月，印度诗人、诺贝尔奖获得者泰戈尔向徐悲鸿发出邀请，请他到印度作画讲学，促进中印两国的文化艺术交流。在情海中万念俱灰的徐悲鸿欣然应允。不久，他前往香港举办画展，并于 1939 年由新加坡乘轮船经缅甸赴印度，在不断奔波中错过了孙多慈在情急之下向他发出的电报。

人的一生太过短暂，错过了便再也没有交叉的可能。对于徐悲鸿而言，此时还有对艺术至死不渝的追求和参与抗日救国的信念让他继续鼓足勇气前行。同样，他也如此写信鼓励着孙多慈。

以画笔作武器

抗战时期徐悲鸿留影

1939 年到 1940 年，徐悲鸿下南洋、赴印度，四处办展卖画，为中国的抗日战争筹款。在救亡图存的大潮中，一个艺术家，一不能扛枪，二不能上前线，他还能做什么呢？当采访中国美术馆研究员刘曦林时，他这样说道："徐悲鸿是个有良知的知识分子，有爱国心、爱民心的知识分子，这一点上，应该说对他的艺术的内在生命是非常重要的，他也适应了那个时代的思潮。"

此时的徐悲鸿已抛下儿女情长，一边作画，一边到南洋各地区举办画展，这些画展无不盛况空前。徐悲鸿将画展的全部收入捐献给国家，作为抗日烈士的抚恤金。徐悲鸿的这一义举激发了当地华人华侨的爱国热情，他们踊跃捐款买画，支援抗战。

徐悲鸿的儿子徐庆平回忆说："我曾听他的一个朋友说过在当时南洋展览的盛况。虽然大部分同时代的友人都去世了，但是还有健在的。说当时画展上大家贴红条子，贴上红条子就是这张画已经卖了，你就不能再买了。但是他有好多画人家都喜欢，贴了好几个红条子在上面，那怎么办呢？他就马上再画，只要贴条子，贴四个条子他就再画三幅，贴五个条子他就再画四幅，就是为了抗战能尽多大的力量就尽多大的力量。所以新加坡人很骄傲地说，他们收藏的徐悲鸿的作品数量绝不在北京徐悲鸿纪念馆之下。"

　　为了筹集到更多抗日救亡的款项，徐悲鸿在新加坡客居期间，夜以继日地作画。但即便如此，他每天傍晚依然必做一件事。当时徐悲鸿住在新加坡一个朋友家里，朋友的后人后来告诉徐庆平，他曾亲眼看见每晚徐先生都会挑出不满意的画作烧掉，稍有点毛病的就全部烧掉。也许这就是为什么徐悲鸿短短58年的一生，留在世上的作品大概只有3000多幅的原因：因为除了一部分毁于战火，还有数以万计的画作，是被他亲手烧掉的。

　　对自己如此严苛，就像当年把自己的名字从"寿康"改为"悲鸿"，又主动放弃蒋碧微一手置办的法式风格的奢华家园而深入到贫困山区写生作画一样，这也许就是徐悲鸿的执着和追求。

《木棉》1940年

《放下你的鞭子》（油画）1939 年

烧掉的那些画早已化为灰烬，而留在世上的却都是真正感染大众的精品。《放下你的鞭子》就是创作于新加坡的其中一幅作品，它没有被烧掉，成为徐悲鸿流传后世的名作之一。

1939 年 10 月，徐悲鸿在新加坡一个广场上看到知名女星王莹的一场街头演出，演得是田汉创作的独幕话剧《放下你的鞭子》。剧本讲述的是"九·一八"事变后，从东北流亡到关内的"香姐"和父亲靠卖艺为生，又累又饿的"香姐"演不好，父亲就用鞭子抽打她，观众们以为"香姐"是老头买来卖艺的，便向他怒吼："不许虐待孩子！""放下你的鞭子！""香姐"却告诉大家，这是她的亲生父亲，众人不再谩骂，但却感受到贫苦百姓在国破家亡的境遇中生存有多么的不易。徐悲鸿深受感动，邀请王莹做模特，以接近真人的比例，创作了这幅爱国题材油画巨作。

在当年徐悲鸿作品南洋巡展中，还有一幅巨幅画作震撼了许多观众，那就是徐悲鸿的名作《愚公移山》。直至今日，其感染力依然不减当年。

《愚公移山》1940 年

　　徐悲鸿构思这一作品时，国内的抗日战争正进入到最为惨烈的阶段。为了打通中国与外界的仅有的一条通道，方便抗日物资的输送，几十万中国军民凭借最简陋的工具，在中缅边境的高山峡谷、原始森林中，硬是凿出了一条滇缅公路。创作此画时，徐悲鸿正在印度讲学办画展，同时为著名诗人泰戈尔画像。他把创作《愚公移山》的想法告诉了泰戈尔，得到这位国际友人真诚的支持。印度大诗人立即着手安排他骑马前往喜马拉雅山写生、采集素材。

　　1940 年，在喜马拉雅山下的大吉岭，徐悲鸿开始了《愚公移山》的创作。他希望用这幅画来鼓舞国人齐心协力，同仇敌忾，战胜日寇。

　　对父亲的画作做过深入研究的徐庆平说："徐悲鸿到欧洲学习了西方的人体表现之后，掌握大角度的透视的技法，《愚公移山》这张画，为了表现力度就要进行人体表现。我父亲说过，不管你是王侯将相还是乡野农夫，都是靠着那几根骨头，那几块肉，你才有锅可立，有酒可喝，有地可种。都是一样的，你就要把那几块肌肉和骨头表现出灵魂来，你这个画才能够有力量，才能够感动人，所以他在中国绘画中第一个引入这么具体的人体，用它来传达力度。人体如果在大角度透视下，他的力度更加空前。"

　　这种表现手法不禁让人联想到意大利文艺复兴时期的著名画家米开朗基罗，他尤为擅长画人体，特别是大角度的人体，而且都是一些几乎令人想象不到的角度。在《愚公移山》中，徐悲鸿描绘画中人物把水桶往前扔出去，锄地的人又以有力的动作抡锄头，无不表现出了空前的力度，这都是必须对大角度人体绘画技法具有大师级的把握才能做到的。为了在《愚公移山》中表现中国人民不屈不挠的精神，仿佛让老天爷都受到感动，徐悲鸿大胆地使用了这种手法。因此，整幅画面全是大角度的人体，而且全是比真人还大的人体，表现力度空前。在这幅巨作中，徐悲鸿再次巧妙地将西画技法和中国传统题材相结合，真

1940 年徐悲鸿赴印度举办展览和讲学，与文豪泰戈尔合影

正实现了将历史绘画中国化，将中国绘画现代化。在那样一个抗日救亡的历史时期，他一改中国画颓败的画风，甚至将画笔当成战斗的武器，具有极强的现实性。

在印度期间，徐悲鸿还留下了自己著名的人物肖像画《泰戈尔像》，这幅作品充分体现出了徐悲鸿在人物画领域已达到了相当的高度。

中国美术馆研究员刘曦林说："《泰戈尔像》，其白描的力度和线的力度被他强化得比《愚公移山》和《九方皋》还要好。也就是说他重复地肯定和认识到了任伯年的伟大。任伯年作为清朝末年的一个人物画大家，他的线条深刻影响了徐悲鸿，徐悲鸿又把素描的那一些对形体的塑造、结构的认识融合到中国画里边去。《泰戈尔像》还有背景的衬托，它用深色背景、山林背景来衬托人物肖像，而中国古代肖像画不是这样做的，它可以有山河的背景，但不是像这样用调子的对比来衬托的，徐悲鸿用深色来衬出浅色。他的成功之处就是坚守了中国画最本源的造型原则，又适度地吸收了西洋绘画的一些造型因素、光影因素、结构因素，这点很成功。"

1941年，徐悲鸿告别与自己甚为投缘的泰戈尔，离开印度。他先后在马来西亚的槟城、怡保、吉隆坡等地举办赈灾募捐画展。在经过怡保时，一位朋友盛情邀请他留宿家中。大画家一到，主人便拿出笔墨纸砚。徐庆平说："我父亲管这种场合叫绑票。那么他肯定是出于某种原因必须给这个朋友画，他当时画了，使用的是新纸，而他从来不用新纸，都是使用旧纸。从来不用墨汁，更不用隔夜的墨。但是这一次，只有

《泰戈尔像》1940年

隔夜残墨，用的又是新纸，所以他专门在画上把它记下来了，说'隔夜残墨，用是新纸，颇得意外之效，视可喜也'。"

这幅意外之作就是徐悲鸿的名作《牧牛图》。

他在抗日战争时期多次画牧童与牛，实际上正是在表达对和平的渴望和对童年生活的美好记忆。徐悲鸿作画从不用新纸和宿墨，他的新纸往往要在柜中放几年再用，画完画如剩墨较多，他会以大号毛笔书写对联，将墨用完，尽量不浪费。徐庆平继续回忆他在研究父亲作品时的发现："这次作画用的是从来不用的最难用的工具，最不出效果的讨厌的东西，可是出了特别的效果。他画了一头牛，牛的毛是很粗糙的，他这个拉不开笔的墨正好表现那个牛，正合适，它是意外之效果，所以他没想到。画的那个人很简单就勾了一条线，他没有发挥水墨的功能，那发挥不了，那一画出来肯定难看得要命，你看得出来是用那个隔夜墨勾的，但是那张画最后呈现出来的效果

《牧牛图》1941年

真的很奇特。"

　　原来，徐悲鸿通常会根据画作的需要，确定用什么笔。而他一般都用比较硬一点的笔，但是渲染的时候，要表现墨的那种酣畅的时候，徐悲鸿便用羊毫制的笔。如今身在海外，因条件所限，在使用自己不熟悉的作画工具的情况下，他凭借丰富的用水用墨经验，将令毛笔呆滞的宿墨用于画粗糙的牛身、牛尾和牛角，突出了质感。偶得佳作，徐悲鸿自是欢喜。徐庆平还发现此画的左上角有一个印，印上头有四个字，"这四个字我没认出来，确实太难认了，它不规范，不是规范的字，他又加了自己很多创造进去，我找了很多人来帮着认这个字，最后找了一个了不起的中国古文字学家，他的笔名叫大康，是我们首都师范大学的教授，一辈子研究古文字。他把这四个字看出了，'腐朽神奇'。这张画是用最差的材料，但是化腐朽为神奇，达到了意想不到的效果。"

　　据徐庆平介绍，在徐悲鸿的作品中他看到的仅此一幅画作上使用了"腐朽神奇"这一方印章。然而，在那战乱之中，一个画家能以单薄身躯团结南洋如此之多的华人，不知为抗战捐助了多少资金。赤子之心，当以绵薄之力报国，从这一点来看，徐悲鸿手中一支画笔不知幻化了多少神奇。

时光倒流七十年

　　2011 年 10 月 30 日，美国的丹佛市迎来了初冬的第一场瑞雪，也迎来了一场来自东方的艺术盛宴：《徐悲鸿 —— 现代中国绘画的开拓者》。画展在被公认为美国中西部最好的丹佛艺术馆隆重举行。寒冷的冬雪没有能阻挡人们欣赏徐悲鸿作品的热情。一时间，这里掀起了一股徐悲鸿热，有关他的书籍、画册被放在专柜最显眼的位置出售，印有他画作的T恤衫成了最热销的纪念品。这是美国观众第一次走进这位中国绘画大师的世界，他们在这里看到了徐悲鸿一生作品中的精华：既有久负盛名的经典力作，也有鲜为人知的收藏精品。

　　脍炙人口的奔马，写意洒脱的中国水墨画，使观众领略到了中国传统绘画的艺术魅力。精彩纷呈的素描作品，生动传神的油画人物肖

徐悲鸿作品在美国丹佛艺术馆展出　　　　《鸭子》（局部）1935 年

像，展现了画家深厚的西洋绘画功底。震撼人心的鸿篇巨制，用纯粹的西洋画法表现中国的历史题材，在场的观众不禁为之倾倒。

殊不知，徐悲鸿在美国的第一场个人画展原本应该在70年前就举行的。

1941年，正当南洋地区的抗日筹赈画展还在热烈举办之际，美国援华总会也邀请徐悲鸿赴美举办画展。为了筹备美国的这次展览，身在新加坡的徐悲鸿又开始不知疲倦地埋头作画。不料，时局骤变，就在徐悲鸿已经将画册、资料、照片全部寄往纽约，作品也已装箱准备托运的时候，美国在太平洋的海军基地 —— 珍珠港遇袭，日军偷袭珍珠港的同时向新加坡进攻。原定在美国的展览不得不取消。

时隔70年，摄制组在徐悲鸿美国个人画展首展开幕之前，有幸拍摄下了开展前的作品整理和装箱工作场景。

2011年10月22日，位于北京新街口的徐悲鸿纪念馆被宁静的秋色笼罩，而馆内却弥漫着一派紧张忙碌的工作气氛。这是许多国际级别的重要画展在筹备阶段常有的景象。工作人员用最专业的方式

画展工作人员

仔细核对作品的名称，检查规格尺寸，小心翼翼地整理装箱，生怕有任何闪失。徐悲鸿纪念馆珍藏着大师上千幅真迹，几乎每一幅都价值连城。从大洋彼岸远道而来的筹展专家要将其中61幅画作运往美国。装运工作的重要性不亚于展览现场的策划与布置。

徐悲鸿的小女儿徐芳芳也在装箱工作现场，她曾经在徐悲鸿纪念馆度过了她的青少年时光。正是因为她和几位热爱徐悲鸿艺术的中美文化工作者的不懈努力，等待了70年之久的徐悲鸿个人艺术展才终于得以在美国拉开帷幕。

徐芳芳带着这些作品去美国之前，接受了摄制组的采访。

记者：徐老师，您好！现在徐悲鸿的艺术作品在海外的影响，大概是怎样的，能谈一谈吗？

徐芳芳：我觉得人们了解得非常少。因为海外的就包括华人，在美国华人也不少。他们只知道徐悲鸿画马，包括华人也是这样，所以这次画展我自己也发表了一些文章，包括英文跟中文的。英文版发表在一些国际上有名的介绍亚洲艺术的杂志上面，中文版发表在《美华文学》，那就是在美国的华人经常看得比较有影响的文学刊物上面，我是要介绍徐悲鸿的爱国主义精神，他的主要的历史作品，这是一般人不知道的。

记者：当时怎么想到要做这样一个展览？

徐芳芳：那就说来话长了，这是徐悲鸿的理想。他是一个很杰出的画家，但是他同时也起着一个文化使节的作用，在他的一生当中，他的作品曾经在欧洲和亚洲都广泛地展出过，包括1933年和1934年在欧洲举行的规模最大的一次中国近代画展，其中包括他自己的作品和70多个重要的中国画家的作品，在当时欧洲轰动一时。

1939 年到 1941 年在新加坡，他为了帮助中国抗日战争进行筹集画展，把所有卖画的收入都捐献给那些战乱中流离失所的难民和烈士的遗孤。当时在新加坡他就想去美国举办展览，1941 年。当时船票都定好了，作品都装箱了，在美国展览的投入都已经准备齐全，只等他上船就可以举行这个展览。但是在启程的临行之前突然发生了珍珠港事件，日军偷袭珍珠港，太平洋战争爆发了，他不仅去不了美国，连回祖国都非常困难，是这样一个情况。后来他乘着最后一艘轮船回国。当时那艘轮船是经过缅甸，不能直接回中国，因为中国的海岸线已经被日军封锁了，太平洋不能走了，那他只能在海上冒着风险，后来果然遭遇日军的袭击，两艘船中有一艘就被炸沉了，他那艘很幸运。就这样，他带了他有限的一些作品跟藏品，经缅甸，走滇缅公路回到国内，所以说赴美展览这个策划是 70 多年之前，起源是这样的。

记者：在美国举办一个展览是不是徐悲鸿一直的心愿？

徐芳芳：他想在美国举行一个展览，因为 1941 年是中国抗战最艰苦的时期。他想在美国展览，提高中国文化在国际上的影响。用这个方法来支持中国的抗战，是这样一个目的。我这次举办这个展览，就是为了实现他没有实现的理想。自从 1941 年与美国联系中断了之后，他再也没有机会去美国，这样这个意愿一直没有实现。1981 年我出国留学，在那个时候在美国根本不可能联络，没有外交关系。那个时候国家准许自费留学，我是靠半工半读和一些奖学金这样出去留学的。我在加州大学读了本科之后，又上了丹佛大学管理学院，那是世界都有名的管理学院，我拿到硕士学位。当

《紫气东来》1943 年

时出去的时候，我就立志要为我的父亲完成他这个没有实现的愿望，那就是在美国办展，要做一个很大规模，有代表性的展览。当然这个谈何容易，是很难的。

记者：那也是您将近30年的心愿，从您踏上美国的国土，有这样的一个想法，到现在终于可以实现，将近30年，您为什么能够这么长时间坚持，徐悲鸿的精神是否影响着您？

徐芳芳：对，因为我父亲对我的影响是很深的。虽然他去世的时候我还不到6岁。但是他的艺术的影响是深远的，他把艺术、美术介绍给我，我从小跟他学习书法，这是我最

《月色》（中期）

《鸭子》1935年

早的审美课，他是我的书法老师，他教我跟我哥哥两个人写字。他去世以后，我跟我哥哥两个人在中央美术学院的少年美术班里面课余学习素描、速写和水彩，我在那一直读到9岁。后来要考入中央音乐学院的附小，那个时候学钢琴，学校在天津，在北京招生头一次，我很幸运地被选入中央音乐学院附小。那时候要离家去读书，没办法继续学习绘画，所以绘画方面的知识只能暑假里面来补。但是由于我父亲对我的影响，我对艺术的热爱是从小就培养起来的。而且后来学艺术，音乐实际上也是艺术的一个种类，相通的，跟美术的关联还是很紧密的。这样的艺术教育，对我一生是有非常大的影响的。我觉得我父亲对我的影响除了使我非常热爱艺术之外，他也给我做了一个榜样，这个榜样就是你要在艺术事业上追求你的理想，你必须要坚忍不拔，而且必须要努力去奋斗。我这么多年来,一直是以他为榜样从事艺术事业的。

记者:您说到父亲是您的榜样,您一定在心中有一个父亲的形象,一个记忆,您记忆中的父亲是怎样的?

徐芳芳:我记忆中的他已经是50多岁的人,可以看出来苍老的迹象。但是他还是一个慈祥的父亲。对我,对孩子们非常关注,很关注我们的学习,特别是艺术教育,对我们是有期望的。因为他曾经讲过,以后他的孩子里要有学画能继承他的。我知道他希望我们继承他的事业,这一点一直埋在我心中。虽然我父亲去世得很早,但是我一直生活在徐悲鸿纪念馆里面,我在天津只读了一年多的书,然后就转入中央音乐学院,搬到北京来。我就在徐悲鸿纪念馆里面长大,一直到1966年"文化大革命",我18岁,因为修地铁,那个老纪念馆拆掉了,这时候我的童年才算结束。我听我妈妈给外边介绍他的事迹,我是听过很多遍的。给我印象很深的是,他去上海去寻找他的学习、工作的机会。当时非常困难,他曾经想过要结束生命。到了走投无路、山穷水尽之后,依然能够坚忍不拔,这才算不是懦夫。这一点对我的鼓励是非常大的。

记者:是不是在人生的这个过程当中,经常想起父亲是怎么经过那些艰难困苦的呢?

徐芳芳:对我是一个鼓励,虽然我小的时候没有吃他那么多苦,但是学艺术是很难的。我学钢琴,在中央音乐学院附小、附中十年的时间,这也是很艰难的,是需要很坚韧的毅力去学习的。那么我也是以他为榜样,这样去追求自己的艺术上的理想。

记者:现在作为徐悲鸿先生的女儿,也是像您的母亲一样

《回头马》1943 年

在帮助传播父亲的艺术作品？

徐芳芳：这么多年我的感觉就是，我的工作是很有意义的。不仅是传播中国的艺术跟文化，文化交流是双向，是沟通两种文化，两个不同的民族跟国家之间的理解，这是很有意义的一项工作。特别是对我的父亲徐悲鸿来说，因为他除了作为一个艺术家，一个艺术教育家，他是有深远影响的。作为一个文化的使节，他又做了没有人做的事情。

丹佛艺术馆馆长

美国这样一个展览，正是可以让他去完成这样一个使命。但是现在 70 年过去了，世界已经发生了非常巨大的变化，中国的国际地位大大提高了，现在美国人反过来希望深刻理解中国的文化，我们举办这样的画展，正好也可以通过徐悲鸿的艺术来充分推广中国的文化。

记者：您对这次画展预期是怎样的，您希望达到什么样的效果？

徐芳芳：我觉得这次画展会使美国观众开始了解徐悲鸿的艺术，了解中国的绘画。因为徐悲鸿是一个承前启后的画家，他的作品能够表现中国传统绘画的一些很优秀的笔墨，同时他又反映了徐悲鸿在实践中西结合中创新的一面，从这一点来说，对于美国人来说，是很新颖的。以前我在讲课的时候，我觉得他的艺术美国人是非常喜欢的。当然不可能通过一个画展，完成一代人的使命，但我觉得将是一个很好的开端。

记者：您在此之前最早为传播徐悲鸿的艺术成功举办的展览在什么时候？

徐芳芳：很早，那是我 1985 年从丹佛大学管理学院毕业以后，我当时的工作是给一家很有名的咨询公司到中国来开辟第一个项目。利用这个机会，我就在香港联络了我的同学。因为实际上管理跟艺术是非常有关的，既懂艺术，又懂管理的人是非常少的，我觉得我学了这一行，对于策划展览，进行展览方面的宣传跟管理工作是非常有好处的。我通过我在丹佛大学研究院的同学，因为那是一所世界有名的管理学院，我们的很多同学都是各个大公司跟政府有相当影响的人物，所以我通过他们的关系，鼓动香港政府出资，由香港艺术馆主办那次画展，非常成功。

记者：一毕业就马上践行您的梦想？

徐芳芳：对，雷厉风行，这是我目前出来工作的第二年，我 1985 年开始工作，那时候在旧金山，后来到香港工作，到香港和中国工作。1986 年第一次来，我就策划了这个展览。

记者：当时展览成功之后，您心中最想对天上的父亲说什么？

徐芳芳：我非常想告诉他，我想说的是，您大概不会想到，你的女儿将来能做什么。您也许希望我将来能学一门本事，能够学有所长，但是您也许不会想到，我能为您的事业做出一些贡献。如果您知道的话，您一定会非常高兴。

此时，看到徐芳芳眼中已经满含着泪花，于是记者不再发问，建议她休息一下，随即转过身去，自己的泪水也忍不住盈眶。

2011 年 10 月，纪录片"百年巨匠"摄制组来到美国丹佛，拍摄到了《徐悲鸿 —— 现代中国绘画的开拓者》画展的盛况。徐悲鸿的儿女徐庆平、徐芳芳，生前好友谢寿康的儿子谢成刚，以及故宫博物院院长单霁翔和美国丹佛艺术馆馆长都亲临现场，为画展开幕剪彩。

丹佛艺术馆馆长克里斯托弗·亨里希（Christoph Heinrich）在接受摄制组采访时说道：

当我在学校学习中国艺术的时候，我们虽然学习中国艺术，但是我们只学到17世纪或者清代就停下了。在学校我们甚至没有知道徐悲鸿这个名字的机会，没有人知道在20世纪的中国艺坛到底发生了什么，所以这次展览对我来说真

《鱼鹰》1935 年

的是一次具有启迪意义的经历。

在这所美术馆中，我们到了20世纪晚期才有过中国当代艺术家的展览，到了新世纪我们才有了第一次关于中国现代绘画作品的展览。中美重新双边开放之后，互通有无，例如比徐先生稍晚一些的程十发先生的画展，那次的展览是颇有积极影响的。清代晚期的作品和当代的，20世纪50年代到80年代的画作我们都已经有过展览了，但是这中间的作品，在我们的中国艺术的展陈中就留下了巨大的空缺，所以要选择一位艺术家来填补这个空缺，我们选择了徐悲鸿。

这其实解决了许多的问题，我们能看到他在宣纸上用水墨描摹的中国传统画，我们也能看到西方媒体对他的报道和他油画作品中融入西方美术技法的笔法，所以我觉得从他这样一位艺术家身上，从某些侧面我们就能了解到相当多的发生在当时中国的巨变。从一百年前的清朝灭亡、辛亥革命，到中华人民共和国成立，历史在这个国家身上发生着怎样的巨变，中国的文化艺术随着历史变迁有着什么样的发展，通过对一位艺术家的了解，中国近代历史的诸多细节就能通过他的作品向我们展现出来。中国20世纪有很多重要的画家，我想，如果你想到其他众多同时代的艺术家，你会发现将西方元素融入中国画之中，以用来发展中国画的方法并不少见，但是我认为在徐悲鸿的作品中，在他学以致用的西方绘画技艺与中国传统绘画技法的背景之间，有一种非常自然的融合感。我们认为他将自身的艺术直觉和他对于艺术本身的理解转化为了一种合二为一的成功表达。

丹佛艺术馆长久以来都热衷于亚洲艺术，特别是中国艺术，

《母牛与小牛》1940 年

我们第一次为中国艺术品办专展是在 20 世纪 50 年代，而且我们在馆中收藏和陈列中国艺术品也已经有近一百年的历史了，这次展出可以说是我们对于中国艺术品热爱的一种延伸。

看着镜头中那些往来于展厅的身影，那一双双专注的眼睛，相信外国观众正在通过徐悲鸿的这些画作感受着 20 世纪中国的气息。在 20 世纪的中国，清王朝衰败、辛亥革命、张勋复辟、军阀混战、新文化运动、"五四"精神、日本侵华、八年抗战、国共内战，所有这些大时代、大历史的动荡，都被短短一生的徐悲鸿所经历了。一个热情敏感、满怀赤子之心的画家不可能对这个时代没有感悟，也不可能不在他的画作中融注内心的情感。

这次美国画展正是按照徐悲鸿一生不同时期画作的顺序，梳理了一个完整的脉络。从这一点来说，作为文化使者的徐悲鸿，其实在以自己的艺术人生向世人讲述着中国的近现代历史，也推广着中华文化与美学精神。

悲鸿生命

1941 年日本偷袭珍珠港，太平洋战争爆发。日军开始更加疯狂地侵略亚洲各国，也包括徐悲鸿当时所在的新加坡。

日本飞机终日狂轰滥炸，新加坡已经安不下一张平静的画桌。徐悲鸿不得不回国。此间，有将近 40 幅油画毁于战火，但有一幅收藏，徐悲鸿却一直带在身边，那就是他 1937 年在香港从一位德国人手中购得的唐代古画《八十七神仙卷》。

1937 年，徐悲鸿在香港举办画展，作家许地山夫妇介绍他去看一位德籍夫人收藏的中国字画。这位夫人的父亲曾经在中国工作了十年，去世后留下一大笔遗产，其中包括四箱中国字画。徐悲鸿一一看过，唯独对其中的一幅唐代白描作品《八十七神仙卷》爱不释手。

此画是一幅白描线条人物手卷，绢底呈褐色，所有 87 位人物造型全部来自白描线条，不上色，但却有着强烈的渲染效果，体态造型极为优美精炼，栩栩如生。徐悲鸿看出它代表着唐代人物画白描技法的最高成就，是一幅艺术绝品，立即出价买下，因为一时手头现金不足，便提出不足部分用自己的七幅作品补上。

徐悲鸿认为这样的国宝决不能

素描 局部

流失到外国人手里，高价买下后一直随身携带，哪怕身处战乱漂泊中。谁曾想，好不容易将它辗转带回国内，却在1942年昆明的一次躲避空袭的混乱中不翼而飞。徐悲鸿曾在收藏这幅作品时，在其上盖了一方印章，题为"悲鸿生命"。如今，这命根子丢了，徐悲鸿就此大病一场，日后，这幅画成了他的一块心病。

《八十七神仙卷》（白描）（局部）唐代

《八十七神仙卷》的技法可以说和西洋造型艺术体系截然相反，一直推崇用西方绘画技法改良中国画的徐悲鸿为什么偏偏还将此画视为"悲鸿生命"呢？就连中国美术馆研究员刘曦林提到此事时都不禁感叹："这在改革派的艺术家里边是很少的，这么尊重中国的传统。"

中国画技法形成以线描为主，徐悲鸿相信《八十七神仙卷》非唐代高手不能为也。后来经张大千和谢稚柳鉴定，也确认此画是唐代高手的真迹。这样一幅中国传统人物绘画的最高古本，朴素简洁，清新脱俗，单以线条就能勾勒出如此精准的造型和传神的动感，完全没有后来明清中国人物画的颓风。徐悲鸿提倡改良中国画，并非嫌恶所有中国画，正是因为他极为推崇西方写实主义的精准线条，中国唐代古本中有此佳作，自然让他神魂颠倒、视为生命。他的学生，中央美术学院原副院长侯一民介绍："徐先生爱画如命，为了一张《八十七神仙卷》得了几场大病，为了买这张画，拼命攒钱，拼命凑钱，把这画

《八十七神仙卷》（白描）唐代

买到了，高兴得不得了，画丢了。丢了以后生了一场大病，后来过了多少年，知道了这张画的下落，为了赎回这张画，又拼命凑钱，拼命画画，又得了一场大病。"

最能深切理解"悲鸿生命"这四个字含义的人莫过于徐悲鸿的第二位夫人廖静文。

1944年，在《八十七神仙卷》遗失两年多之后，突然有消息传来，发现了此画的下落。当时，廖静文陪伴在徐悲鸿身边，亲眼看到他是怎样夜以继日地作画，好筹够必需的资金将此画赎回。

徐悲鸿去世后，廖静文将此画与大师留给她的所有作品及收藏一起无偿捐献给了国家，让更多国人有机会一睹这一艺术价值极高的唐代古本的真容。

当摄制组于2011年采访当时88岁的徐悲鸿夫人廖静文女士

时，她曾亲自打开《八十七神仙卷》的卷轴让众人欣赏真迹。这位不平凡的女性，在妙龄之年嫁给比自己大28岁的丈夫，30岁便守寡，

廖静文观看《八十七神仙卷》

含辛茹苦地带大一双年幼的儿女。她不仅将徐悲鸿留给她的所有画作捐献给国家，还用自己的一生守护着徐悲鸿的作品，直到生命最后都没有停止在徐悲鸿纪念馆的工作。

　　这究竟是怎样一位女子，使徐悲鸿在无家可归了多年之后，最终与她走在了一起呢？

忘年之恋

　　1943 年，为了筹办中国美术学院，徐悲鸿从重庆经贵阳辗转到桂林，要将当年从南洋避难回国时存放在七星岩岩洞中的一批藏书取出来带回重庆。因工作需要，徐悲鸿登报为学校招聘一位图书管理员。

　　当时年仅 19 岁的廖静文，刚高中毕业，为了参加抗战救亡运动，随文工团来到广西，进行抗日宣传义演。这个爱读书的湖南姑娘无意中在阅览室看到招聘信息。

　　"因为我想到重庆去考大学，所以我看有重庆来招考的，我就去报名。而且我又喜欢看书，当图书管理员我非常愿意。"当摄制组采访廖静文女士时，她对报考一事还记忆犹新："当时有 40 多个人报考，我觉得我不一定有希望，所以回到单位以后，我就没有想我能够录取。但是过了几天，我就接到录取的通知，叫我去复试，徐悲鸿先生亲自主持，这是我第一次见到他。"

廖静文年轻时

　　徐悲鸿一向爱才，对这个以第一名成绩进入复试的女学生格外关注，于是，他问了廖静文好多问题。问到她的兴趣爱好时，廖静文原本想说自己很爱唱歌，在"抗战文艺演出团"合唱队是唱女中音的。当时合唱队中八人小合唱女中音只选了两个，其中之一就是廖静文，可见她的女中音唱得相当不错，同时她还喜欢看书。于是她留了一个小

2011 年采访廖静文

小的心眼儿。"徐悲鸿先生问我喜欢什么。我没有说我爱唱歌，我告诉他我爱看书。他又问我看什么书。我在中学就读了很多的世界名著，比如托尔斯泰、高尔基，还有英国的狄更斯、法国的巴尔扎克等等，还有中国的巴金。我大概每一个人举了一两本书。另外我还告诉徐先生我喜欢中国的古诗词，我也把陆游的两首诗背给他听。总之，在那次考试里，徐悲鸿觉得我读书挺多的。我当时虽然知道徐悲鸿的名字，但不知道他就是徐悲鸿。"

就这样，廖静文被徐悲鸿亲自录用。文工团知道这个消息后，本来还不同意廖静文离团，但廖静文经过再三思量，还是决定抓住这个新的工作机会。那时，她还不知道，这个决定竟改变了她一生的命运。

很快，徐悲鸿便带着这位新上任的图书管理员来到广西的七星岩，这里存放着徐悲鸿在抗战期间带不走的大量书籍、画册。新工作让廖静文大开眼界。"我以前爱看书，但是我从来没有看过那么多西方的画册，所以对我来讲也是第一次接触那么丰富的西方美术。我看到徐悲鸿捧着一本一本的画册，就像跟亲人在一起一样，那么高兴。那个时候我还跟他不怎么熟，而且第一次在一起工作，我也不敢问他。可是他要捧到一本好画册，就会主动跟我讲，这个是西方哪个派、哪个有名的画家的画册，他也讲他在巴黎读书的时候很穷，买这些画册都要省着，要饿着肚子不吃饭去买画册。"

为了艺术宁愿忍饥挨饿，年轻的廖静文不禁对眼前这位师长产生了敬佩之情，她深深感到眼前的这位大画家对艺术爱得有多么深。

随后，廖静文跟随徐悲鸿回到重庆工作。在那个举目无亲的陌生城市，她得到徐悲鸿的很多关照。有一次，她感冒发烧，多亏徐悲鸿的悉心照料，才使她很快康复，她心中对这位可亲可敬的大画家又多了许多感激之情。

病愈后，徐悲鸿常常邀廖静文在工作之余一同去嘉陵江畔散步。时间一长，两人彼此的了解和默契不断加深。廖静文渐渐理解了徐悲鸿八年无家可归的无奈，他是如何多次试图与妻儿团圆却遭到蒋碧微的拒绝，这又让年轻单纯的廖静文心生同情。从敬爱到同情，加上感激，他们之间的感情悄悄发生着微妙的变化。"这个时候，因为我没有恋爱过，也没有交过男朋友，实际上当时我是很尊敬徐悲鸿，也很同情他，但是我没有想到这里面有一种敬他爱他的成分。徐悲鸿就开始对我说，我很感谢你，你来了以后，我可以常常出来散步，可以跟你讲我的情况。我就跟他说，那我愿意以后一直在你这里工作。徐悲鸿说，你愿意在我这里工作当然很好，但是你也快 20 岁了，不小了。说我 47 岁了，岁数很大了，也没有家，说你永远在这里工作，那我们不可能永远两个人这么在一起，你也得要有家，我也得要有家。所以

1943年徐悲鸿与廖静文在青城山合影

他就跟我说，你如果愿意永远在这里工作，那就让我们结婚吧。"

由敬到爱，廖静文为徐悲鸿付出了纯真的感情，但是她的父亲却如同当年孙多慈的父亲一般也表示了反对，除非徐悲鸿与蒋碧微正式离婚。这一次，徐悲鸿拿出了决断，他不愿再错过。他知道这位善良、有着抗日爱国情怀的姑娘不似蒋碧微，她能读懂他的心。他一定要不惜一切代价给廖静文和自己一个真正的家，也给她的家人一个交代。

1945 年 12 月 1 日，徐悲鸿与蒋碧微的离婚签字仪式在重庆市沙坪坝重庆大学饶家院张圣奘教授家里举行。这一段被蒋碧微写入《我与悲鸿》一书。

徐悲鸿当场签字，答应了蒋碧微非常苛刻的离婚条件。除了支付子女每月的抚养费之外，他还要兑现一百万元和一百幅画。为了尽快完成画作，徐悲鸿积劳成疾，竟然一病就是半年。当时有医生劝告廖静文，徐悲鸿的身体健康状况很糟糕，也许只有十年的寿命，难道还要嫁给他吗？年轻的廖静文没有犹豫，她陪伴在徐悲鸿身边，悉心照料，并将一生奉献给了自己爱慕和敬佩的人。

1946 年年初，年届五十的徐悲鸿终于重新拥有了一个家。

第四章 | 领军之师

与许多单纯搞创作的画家不同，徐悲鸿的后半生几乎完全献身于美术教育事业。时至今日，中国的美术教育体系依然延续着他与蒋兆和创立的「徐蒋体系」，他的学生中更是不乏写实主义名家，顺应着中国现实发展的历史与时代要求，留下大量佳作。从这一点来说，徐悲鸿不愧为一代领军者。

从重庆到北平

　　重庆是抗日战争时期的大后方。尽管这座城市也曾多次遭到日军的轰炸，但当国民政府从南京迁入这座战时陪都，像徐悲鸿这样的文化名人和知名学者也随着中央大学的搬迁而云集于此，自然，这里也成为战时中国政治、文化的中心。

　　1945年，徐悲鸿因年前高血压与肾炎同时发作，一病四个月，身体一直非常虚弱。自他病倒，中央大学的教授薪金便停发了。当时几乎一贫如洗的徐悲鸿和廖静文常常分吃一碗剩饭。此时，徐悲鸿的女儿，时年15岁的徐静斐突然到来，对父亲说妈妈收不到每月的抚养费，养不活她，让她跟父亲一起生活。这段时间，徐静斐亲眼见到父亲和廖静文的艰难简朴，又见继母如何悉心照料病榻中的父亲，年轻的心灵深受触动。

　　当摄制组在合肥采访徐静斐时，她回忆当时的情景："我每天晚

法国巴黎美术学院的校园

1944年廖静文照顾病中的徐悲鸿

上跟我继母睡在地板上，我爸爸睡在床上，我发现我继母的思想比较进步，因为在 1945 年 2 月 22 号的那个时候有 312 个著名的文化界的著名人士都签名，我继母也签了名，我父亲也签了名，这个事情蒋介石恼火了不赞成，把张道藩抓去重罚一顿，回来把几个人也臭骂一顿，后来张道藩去说服我父亲退出签名，就在那前一天，郭沫若也去看我父亲。我父亲表态说他签了名他负责到底，他绝对不会退出。"

　　徐静斐所提到的签名一事指得就是 1945 年 2 月 20 日发表于重庆《新华日报》的《陪都文化界对时局进言》全文及 312 位文化名人的签名，文中表达了对国民党政府消极抗日、官吏腐败、物价飞涨的不满，并提出目前急需一个有中国共产党参加的民主联合政府，才能有利于抗战。《新华日报》发表的这篇文章震动了全国文化界，

《秋风》1937 年

也让将日益壮大的共产党视为眼中钉的蒋介石勃然大怒。

在此之前，郭沫若曾专门探访了徐悲鸿，还带来了周恩来从延安托他送给徐悲鸿的大枣和小米。徐悲鸿与周恩来是在法国留学时就相识的故交，与郭沫若则于 1925 年相识于上海。这次会面，他们相谈甚欢，从艺术到时局，涉及话题非常广泛。徐悲鸿十分推崇解放区，对国民党政府的腐败则表示出极大的不满，为国家的前途命运担忧。于是，郭沫若掏出了《陪都文化界对时局进言》的文稿，询问徐悲鸿，如果同意，请他签上自己的大名。徐悲鸿看到郭沫若用墨笔亲手书写的宣言，激动万分，当即挥笔签名，郭沫若还让一旁陪伴徐悲鸿的廖静文也签了名。当时，在国民党的心脏地区重庆笼罩着白色恐怖，在这样的进言上签名，可以说冒着极大的

《晨曲》1936 年

《四喜图》1942 年

风险。随后，时任国民党中央文化运动委员会主任的张道藩差人前来威逼徐悲鸿收回签名。来人无论怎样的软硬兼施，无奈徐悲鸿一身傲骨，不为所动，他们自然是碰了一鼻子的灰。随后接二连三的恐吓信和国民党说客不断骚扰着徐悲鸿夫妇的生活，徐悲鸿对年轻的廖静文说："不要害怕，我们做的事是正义和光明正大的，害怕的应当是他们。"

1945年，艰苦的八年抗战终于取得了胜利。中国人民还没来得及喘口气，内战爆发了。中央大学的学生们走上街头，举行示威游行，打出口号："要和平！要民主！"徐悲鸿执教的艺术系学生也加入了斗争的行列。他们成立野马社，决心用手中的画笔为民主革命运动出一份力。

身为画家和教授的徐悲鸿虽然是无党派人士，但是他主张和平，反对独裁和腐败，他赞成自己的学生热血报国，正像自己年轻时一直怀揣的梦想一样。于是为了支援被国民党反动派迫害的进步学生，他提笔画下一匹奔马，向强权宣战，那份傲骨与凛然正气跃然纸上。

与此同时，1946年的重庆城内满是准备举家迁回南京等原敌占区的人们。因为战争，许多人无奈背井离乡，如今日本侵略者总算打跑了，回家，成了他们最大的心愿，因而从重庆到南京的船票是一票难求。

盛夏的一天，病愈的徐悲鸿在廖静文的陪伴下去探望老朋友李济深，正巧他次口准备乘民生公司的"民联轮"回南京，手中有多余的两张船票相赠。机会难得，徐悲鸿夫妇当即决定连夜收拾行装离开重庆。

带着40箱作品和书画收藏品，他们回到了战后满目疮痍的南京。

《印度妇女》1940 年

徐悲鸿带着廖静文拜访老朋友，也偶尔故地重游。

　　一天，路过"危巢"，虽乃昔日家门，却过而不入。当时，这座别墅已被蒋碧微租给法国新闻处。徐悲鸿一向淡泊物质生活，从不在家庭财产上与蒋碧微有过什么争执。

之后不久，徐廖二人去了上海。再之后，徐悲鸿临危受命，接受了北平艺专校长一职。

摄制组采访廖静文女士时，她回忆道："本来悲鸿是在中央大学担任教授的，他在中央大学培养了很多人才。抗战胜利以后，他到上海偶然在郭沫若家遇到了周恩来，周很关心悲鸿，问他今后怎么打算，悲鸿告诉他，要到北平担任北平艺专校长。周恩来就说，'那好啊，你到北平艺专可以把北平艺专办得更好，培养出更多人才。'悲鸿觉得这是一种鼓励，当时他从南京到上海，很多人说，'你不能到北平去，因为北平离解放区太近了。'抗战胜利以后，虽然双方还没有打仗，但是国共之间谈判破裂，看来避免不了战争。所以很多人说，'悲鸿你不要到北平去，那个地方不好，不安全。'只有周恩来劝他去。"

1946 年 8 月 31 日，徐悲鸿与廖静文抵达北平。一到任，徐悲鸿就开始大刀阔斧地推行他的艺术主张，锐意改革美术教育。他决定聘请自己昔日在南国艺术学院的得意门生，日后成为中国著名画家的吴作人，担任北平艺专的教务长。上任之前，他就在给吴作人的信中明确表示："我准备办一所左派学校。"

徐悲鸿立志为人民培养艺术人才，他一到任就解聘了有国民党高官做后台、水平却达不到要求的教师。他还多次出面保护参加学生运动的爱国师生，这些激进的做法无形中触犯了国民党政府的利益，一场声势浩大的"倒徐运动"开始悄然酝酿。徐悲鸿在北平艺专这样的风口浪尖将如何独挡这场针对他刮来的风暴呢？

一口反万众

北平艺专就是今天中央美术学院的前身。

1942年考入中央大学艺术系，在重庆师从于徐悲鸿的戴泽，毕业后也追随出任北平艺专校长的恩师徐悲鸿来到北平艺专任教，1949年后他成为中央美术学院的教授。

摄制组在采访他时，他对于徐悲鸿当年对北平艺专的改革如数家珍："他的改革举措有很多。第一个，一年级，不管你将来要学什么，先画素描，这是他的主张。还要做雕塑，制作雕塑，画素描。还有一个，他认为国画系的名字不好，国画只能教国画，油画是教外国画，而徐悲鸿认为这油画也应该是国画，可以画中国题材。绝对不能说光国画是中国画，其他的诸如版画之类都不是中国画，这讲不通，所以他把国画这个名字改作彩墨画，说这种画是用墨跟彩画出来的。他的意思就是说油画也应该是中国画。当时的油画被称为'西洋画'，他想把这个改过来，不要'西洋'这个名字。"

北平艺专可以说给了徐悲鸿一个舞台，让他充分地推行自己的艺术主张，尤其是对于中国画的改良，但他的举措又并非照搬西方。他有他的原则。为了更好地开展教学，徐悲鸿

巴黎国立高等美术学院

1946 年徐悲鸿担任北平美术工作者协会的名誉会长，与协会会员合影

上任后的第二项改革重点就是聘用有真才实学的知名画家担任学校的教师。戴泽说："当时有个照片很说明问题，就是徐悲鸿来北平后组织了一个北平美术作家协会。因为那个张道藩主办了中华美术协会，中国全国美术协会。中国全国美术协会当时是有北平分会的，北京这些老画家都加入了张道藩主办的那个协会，所以他要跟那个协会不一样，另外搞了个北平美术作家协会，成立的时候还照了一张相，那张相就可以说明了艺专的这些老师。"

李桦、叶浅予、艾中信、吴作人、冯法祀、董希文、李可染、齐白石等中国书画界的名家都被徐悲鸿邀请到了北平艺专讲课。其中齐白石应该是年龄最大的，时年 82 岁。说到齐白石，戴泽回忆起北平美术家协会成立之初的一段往事："协会成立的时候，大家一起吃了顿饭，齐白石也在。徐悲鸿就来介绍，说这个是谁，那个是谁，最后介绍到我，徐悲鸿就说，'他是我们这儿最年轻的了。'我那时候 24

岁。于是，齐白石说，如果他是我这个年纪，就跟徐悲鸿学素描。"

徐悲鸿比齐白石小 32 岁，他们忘年交的友情也是中国美术界广为传颂的佳话。早在 1928 年，徐悲鸿就曾将这位被美术界视为"山野人士"的齐白石聘为北平大学艺术学院的教授。当年，齐白石孤独地站在北京画坛保守派的一片唾骂声中，唯有徐悲鸿极力赞扬他"致广大，尽精微"，并且力挺他的画作。因为在徐悲鸿的眼中，齐白石笔下那些栩栩如生的虾，停留在残荷上的蜻蜓，看上去毛茸茸、活泼可爱的小鸡，所有这些让保守派瞧不上的东西都是从生活中反复观察得来的。在徐悲鸿的极力推荐之下，前半生一直默默无闻的齐白石，几乎一夜成名。后来，齐白石曾在一幅山水画中题诗表达对徐悲鸿的感激之情："最怜一口反万众，使我衰颜满汗淋。"

徐悲鸿的另一个得意门生侯一民于 1946 年 9 月考入北平艺专，成为徐悲鸿上任后第一批北平艺专的学生之一，后来曾担任中央美术学院的副院长。在采访中，侯一民回忆道："其实当时我是考入国画科的，因为各种原因，很快我就转入了西画科，三年级时徐悲鸿主要教我们这班。徐悲鸿是什么人，我从年轻时就觉得徐悲鸿是一个非常本真的一个人，甚至说在某些方面是蛮天真的一个人，很性情的一个人。爱画如命，和学生之间比父子还要亲。"

如今已经成为著名油画家、美术教育家的侯一民教授，那时候是进步学生，加入了北平艺专的地下党。在那样一个时期，在国统区从事地下工作是非常危险的。后来，徐悲鸿挺身而出保护参加"反饥饿，反内战"学生运动的爱国师生，引起国民政府的强烈不满。于是，他们暗中组织画坛保守派发动了 1947 年的"倒徐运动"，以国画的革新作为倒徐的焦点，因此也被称为"新旧国画之争"。

与 1929 年那场"二徐笔战"的民主氛围相比，这一次的论争几

《麻雀芭蕉》1938 年

乎满是对徐悲鸿的个人攻击。北平市美术协会散发铅印传单，称徐悲鸿是美术界的罪人，北平艺专的三位国画教授甚至罢教。北平报纸也将罢教一事大肆宣扬，闹得满城风雨。面对这突如其来的种种诽谤，徐悲鸿针锋相对。他召开记者招待会鲜明地摆出自己的观点，并亲自代上三位罢教老师的课，受到学生们的欢迎。当这场风波渐渐平息，徐悲鸿的新国画主张也得到了更多人的支持。

"1946年、1947年、1948年在北京的一次国画论战，那时候我是亲身体会到的，很厉害。"侯一民教授在接受采访时说："中国画吸收西法在中国老画家中间有那么一批人认为大逆不道。徐悲鸿则主张国画要能够反映人民的生活，所以就和那种比较保守的主张针锋相对了。那么试问关于国画改革问题，你今天再回过头来看中国的历史，究竟改革是正确的，还是保守是正确的呢？"

侯一民还讲道："其实，这种改革并不是仅从徐悲鸿开始的，在中国美术史上近代一些大画家，包括任伯年、傅抱石、黄宾虹、吴昌硕，还包括岭南的一些画家，差不多都受西方的影响。任伯年画过素描，至于李可染、李苦禅就不用说了，再往后这个问题就一直继续到1957年反右，又给姜峰加上一个罪名，主张画素描就是消灭国画，这么一个观点就被划成了右派，所以中国画的改革问题是一个非常尖锐的问题，从20世纪的20年代一直贯穿到七八十年代。而在徐悲鸿的旗帜之下，究竟今天你看胜利者是谁，给人民带来了一个崭新的国画改革，国画革新这样一个潮流是谁推动的，谁首创的？"侯一民说到这里，情绪不免激动起来："这之后有了黄胄，有了大批的中青年一代的画家，他们走向人民生活，走向大自然，摆脱了那种'四王'的束缚。当然我们对'四王'也应该有一个正确的认识，虽然这当中可能难免有些否定过头的偏颇，但是从发展上

《鹅闹》1942年

讲、从改革的意义上讲、从进步的意义上讲，徐悲鸿始终是站在改革和进步这一方面的。所以我不说当年是怎么争论、怎么闹，我是从历史发展到今天的现实来看他一代一代的学生做的事情，以及给中国带来了什么、给抗战带来了什么、给 1949 年以后人民的思想和生活带来了什么。所以在艺术上，我觉得徐悲鸿这个人在这一点上，他的坚持是有他的历史价值的。"

《大树双马》1938 年

在当年被围攻的情况下，徐悲鸿为了坚持自己的主张，有时会冒出一些极端的语言，被后来推崇现代主义的人抓住把柄，而侯一民却道出了一个真实的徐悲鸿："他有时候说话很天真，马蒂斯叫作'马蹄死'，马一脚给踢死了，他有的时候有这种话，但是他也偷偷喜欢很多东西，我有证明。印象派，他不是太主张，因为太贵族化，他觉得印象派的内容对于中国实际国情没有太多可取之处，但是他对他们的技巧是很喜欢的，他把大量的印象派的画册给我们看。所以他是懂什么叫画意的，但是就不等于他要推崇这个方向。他是这么一个人。"

在撰写纪录片《百年巨匠 —— 徐悲鸿》的第三集脚本时，也曾有一丝困惑浮现：是不是艺术家与政治相关就会在艺术上不再纯粹了呢？

　　然而，看着徐悲鸿的画作，听到这些历史见证人的口述，让人更加相信，在历史的迷雾中，那个真实的徐悲鸿其实离大众并不遥远。他依然是那个对艺术怀揣着最纯真热爱的画家，对于好的技法他从不会因为不属于自己的主张就一概否定。而他与政治如此紧密的关联也许是他所处的时代与他内心那份救亡报国的情怀相互作用的结果。真不知他若生活在今天，会不会更平静地专注于创作，甚至致力于现代派绘画的研究。因为，新的时代又会有新的信息、新的需求。

　　"一口反万众"，正是徐悲鸿在坚持信念时最常有的状态，他不是一个事不关己只读圣贤书的文人，不是一个胆小怕事、不敢担当的投机派，他会在关键的时候开口讲话，在认为重要的问题上固执己见、决不退缩。

　　在他的一生中，徐悲鸿从不屈服，更不向权势低头。而对于自己的学生和子女，他却有着无比慈爱的一面。

　　在五十出头的年纪，徐悲鸿开始更多地把期望寄托于年轻的一代。

为人师　为人父

曾担任中国画研究院院长的刘勃舒是徐悲鸿的关门弟子，他讲述了自己早年与徐悲鸿结缘的故事。

那是在 1946 年，刘勃舒还是一个 11 岁的少年，在江西南昌实验小学读四年级。喜欢画画的他因为无意间看到了徐悲鸿的一本画册，爱不释手，于是，鼓起勇气给赫赫有名的北平艺专校长、大画家徐悲鸿写信，说自己很喜欢画马，请先生予以指点。没想到，徐悲鸿给这个素不相识的小学生热情地回了一封信，这封信竟然影响了这位 11 岁孩子的一生。

摄制组在采访刘勃舒老师时，已年届 76 岁的他，对儿时这段往事依然记忆犹新："我父亲是教音乐的，另外还有个美术老师专门教我画画，我画了很多画，也只是临摹。我没有钱，跑到中华书店去，有徐先生的印刷品，蓝皮的，那时候的画册，是那种宣纸印出来的书，外边用白线装帧。我天天在那临，临完以后，就莫名其妙地往徐先生那里寄了，来来往往寄了八封。"

现在，这八封信都珍藏在北京新街口的徐悲鸿纪念馆，信中徐悲鸿写道：

勃舒小弟弟：

你的信及作品使我感动。我的学生很多，乃又在数千里外，得一颖异之小学生，真是喜出望外。学画最好以造化为师，故画马必以马为师，画鸡必以鸡为师。细察其状貌、动

作、神态、务扼其要，不尚琐细（如细写羽毛等末节），最简
单的学法是用铅笔或炭条对镜自写，务极神似，以及父母、
兄弟、姊妹、朋友。因写像最难，此须在幼年发挥本能，其余
一切自可迎刃而解。

徐悲鸿给江西南昌试验小学学生刘勃舒的信

　　如此亲切的称谓，如此耐心的回复，每一句都寄托着这位大师对
新生一代的殷殷期望。他把自己早年学画的切身体会和经验之谈，倾
囊相授，还给刘勃舒寄去了许多画作图片。刘勃舒说："他的图解相
当好。信的后面有很长一段，说他希望我到北平来念书，但是不要以
他为师，以自然为师，也不要因为我初中有点成就骄傲自满，要立志
做第一流的大画家。"

　　后来，刘勃舒果然考入中央美术学院，并终于成为一名优秀的画

家，一位堪称徐悲鸿之后最擅长画马的大家。

　　就在刘勃舒给徐悲鸿写信那一年的 9 月 28 日，徐悲鸿与廖静文的第一个孩子徐庆平出生了。51 岁的徐悲鸿喜得贵子，满心欢喜。这年年底，全家人又从小椿树胡同 9 号那座旧四合院搬入了东受禄街的新居。1947 年 11 月，在这个居所，廖静文又生下了第二个孩子徐芳芳。儿女双全、夫妻恩爱，即便内战硝烟四起，北平的"倒徐运动"频频骚扰，家却是徐悲鸿坚实的后盾。他曾在给儿子徐庆平的周岁纪念册上写道："你在这不愉快的年头出世，但你给我和你母亲的愉快已一年了，但愿你常使我们愉快，不令我们烦恼。"

　　也是在这一年，徐悲鸿与蒋碧微所生的大儿子徐伯阳从东北复员，在回南京母亲那里之前，途经北平。转眼之间，这个小时候曾无数次被画入父亲素描和速写作品中的孩子已经 20 岁了，正值青春勃

1948 年徐悲鸿与夫人廖静文、儿子庆平、女儿芳芳

摄制组在徐静斐家中

发的年纪。

1944 年，徐伯阳随徐悲鸿和廖静文去青城山写生，寄住在华西前坝郭有守家中，因种种机缘，巧遇远征军征兵。徐伯阳曾在蒋碧微所著《我与悲鸿》的书后写下自述文章，说当年他一听说远征军是"全副美式装备"，立即联想到那些描写太平洋战争的美国电影的场面，"再由于自己长期生活在破碎的家庭中，得不到父爱也得不到母爱，又赶上那时日本鬼子大举进攻华南……想起我们一家原来住在南京傅厚岗 6 号那座名为'危巢'的花园洋房中，多么幸福，是可恨的日本鬼子把我们赶到了重庆。"于是，年仅 17 岁的他毫不犹豫的报名参军。当时，郭有守和远在重庆的张道藩都曾试图劝阻，但徐伯阳还是坐着陈纳德飞虎队的运输机，穿过世界上最危险的空中走廊 —— "驼峰航道"，随军远赴云南昆明。他在自述中写道："我对自己在一个破碎家庭中长大的痛苦滋味已经忍无可忍了，我得不到家庭的温暖，得不到双亲的关爱，我活着也是活受罪，还不如走上战场，打日本鬼子，真的牺牲了，那也是为国捐躯。"

其实，年轻气盛的徐伯阳并不知道，父亲徐悲鸿在广西有家不能归的时候，曾无数次提笔画下远方的儿女，以寄托自己的思念。

142

《伯阳、丽丽》中期　　　　　　　　　《徐夫人像》1943 年

　　一转眼，三年过去了，他路经北平，与父亲重逢，看到了父亲在新的家庭中简朴而幸福地生活着，十分欣慰。随后，他回到南京看望生母蒋碧微。孩子总算从战场上平安归来，母亲亲自到车站相迎，心里一定也是五味杂陈。可是不久，徐伯阳写信给父亲，表示想到北平来，不愿在南京住下去。徐悲鸿立即汇去旅费，并鼓励徐伯阳发奋学习。

　　徐伯阳到北平后，经过自己的努力，考取了北平艺专美术系。一年后，因为发现自己对音乐更感兴趣，便转入中央音乐学院理论作曲系学习，后来成为一名音乐家。他从此再没能有机会与后来去了台湾的生母蒋碧微见面。

　　徐悲鸿与蒋碧微的另一个孩子徐静斐，小名丽丽，当时还在南京念高中。哥哥到北平读书，让她也十分向往，常常写信给父亲，表达自己盼望和父亲生活在一起的愿望。

　　摄制组 2011 年在合肥采访了当时已年届 82 岁高龄的徐静斐女士。她说："后来我考了金陵女子大学，考的医药科，我母亲不同意我学医，找了个外国教师把我转到外语系。转到外语系呢，我也不感兴趣。后来，我就跟着同学们游行示威，参加学生运动，跟地下党来往频繁。当时，地下党有个外围组织，是学生读书会。我在读书会看了不少解放区的书，我每天都看，后来我写了一篇批判国民党政要张道藩的文章发表在校刊上，回去就被母亲和张道藩像审犯人一样审我，说这篇文章肯定是共产党分子支持你写的，你只要交出那个共产党分子我们就不追究，你要不交出来那我们一定要追究。我说哪个也没支持我，我自己要写的，你们怎么追究，你追究我就行。后来我妈妈说既然你那么恨张道藩，你就没有必要待在这个家里了。我说早就不想待在这个家里了。此后，他们就给我办了休学手续，把我从南京带到上海，告诉我叔叔一定要把我管住，不许我跟外面人接触。"

　　"我临走的时候跟地下党说这个家我待不下去了，无论如何你们要送我到解放区。他们对我说：'你放心，我们会跟你联系的。'

刚参加革命时的徐静斐

到了上海以后，1949 年的元月初，我们二年级的地下党支部书记派人到上海找到我，他说有一批人马上要去解放区，问我去不去，我说坚决去，他说：'那你就赶快跟我们走。'到了解放区以后，我写了一封信给我父亲。那时，我父亲听说我不见了，急得要命，说丽丽不

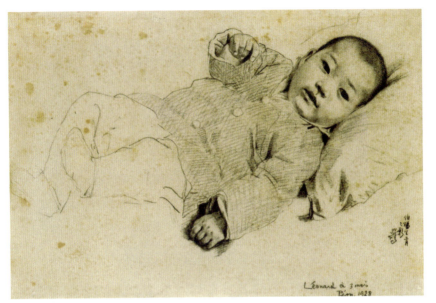

《伯阳》（生三月）1928 年

见了，我继母说：'你别急，丽丽思想进步，我保证她一定去了解放区。'后来我从解放区给他写了信说我到了解放区参军了，我父亲高兴得不得了，见人就说：'丽丽参加革命了，丽丽参加革命了！'，给我写了好多信。"

就像当年自己的大哥一样，徐静斐也与那个破碎的家不辞而别，从此，再没有见过母亲。

蒋碧微去了台湾后，于1958年底离开了张道藩，此后直到她1978年12月16日在台北病逝，整整20年独自一人生活。她在晚年写下回忆录《我与悲鸿》平静翔实地叙述了她与徐悲鸿从相识、相知、相恋到分手的心路历程，轰动台湾，被誉为"中国第一部女性自传"。她与徐悲鸿的爱情、恩怨不禁令人唏嘘感叹。但人生就是如此，它远比小说戏剧更为真实和跌宕起伏。

破晓阴云

1948 年，北平时局紧张，南京政府紧急电令北平一批大专院校南迁，教育部又汇来一笔作为南迁之用的"应变款"，徐悲鸿也被列入"抢救大陆学人计划"的名单中。国民党要员纷纷离京，北平出现一片惊慌与混乱。解放军的炮火已经打到了机场，于是，国民党在城里又修了一座机场，专为接送一批知识分子去台湾。而这个时候，徐悲鸿却选择了留在北平。

"悲鸿不怕，他主要就是要办教育，要教学生，要培养有能力的新的一代美术界的学生。"廖静文女士在接受摄制组采访时说，"因为国民党知道，这些有名的知识分子是国家的宝贝，应该把他们接走，不要让共产党利用他们。当时我们在北平，解放军的炮已经能打到城里面了。有一天我跟悲鸿在家，还有一些客人，都是美术界的悲鸿的一些大弟子，北平艺专的教授，大家一起在家里讨论时局会怎么发展。正讨论的时候，就听'轰'的一声，我们跑到院子里一看，只见一团黑烟，知道有什么东西爆炸了。后来打听，说是国民党在城外的军火库给炸掉了。这就宣告了北京快要解放了，所有的军火全给炸掉了。当时北京的城门都不开，不让进去了。我们连蔬菜都吃不上了，就用黄豆泡豆芽吃。黄豆泡豆芽很容易，吃了好久的豆芽。当时国民党的飞机第二次来了，停在了城里修的临时机场。这时候北京许多的大学校长、有名的教授，全都坐这个飞机走了，但是徐悲鸿没有走。当然不走，北京艺专都不走，不是悲鸿一个人能决定的，悲鸿召集学生代表、名教授、各个部门负责人一起开会商量：北平艺专走不走？因为当时教育部给悲鸿寄了一笔钱，要把北平艺专的人都搬走。悲鸿拿到这笔钱以后，就在会上提出来怎么办，北平艺专搬不搬到南方去？悲鸿一向办事不是自己决定，他很民主，都问大家。"

北平艺专去留问题的民主大会上有 90% 投票选择不南去，因此，一批美术界的重要力量都自愿跟随徐悲鸿留在了北平，大家还商议将"南迁费"用于购买小米等粮食，分给全体教职员工和学生会。

但年事已高的齐白石先生受到了惊吓，当他正要订机票去香港的时候，徐悲鸿和廖静文前去探望，廖静文回忆说："齐白石在我们没来看他的时候，就听人说，'共产党来了就得杀你'，因为他卖画有很多钱，共产党专杀有钱的人。齐白石听了害怕。我们去了以后，就告诉他，共产党来了不会杀你，共产党也不会要你那点钱。老人很听悲鸿的话，因为悲鸿一直很尊敬他，他有什么事都是到我们家来问悲鸿怎么办，悲鸿给他出主意，他就听。"就这样，齐白石也留了下来。

在那样一个前途未卜的动荡年代，作为北平艺专校长的徐悲鸿就像一面旗帜，他的勇气和一身正气鼓舞着全体师生。16 岁就考上北平艺专的侯一民，在接受摄制组采访时说："我从人品这方面向他（徐悲鸿）学得更多一点，他非常值得我尊重，特别是临近解放的时候，这一段，真的是不容易，你想想，在傅作义面前敢第一个说话多不容易啊。"

北平解放前夕，国民党驻军将领傅作义曾邀请留下来的北平文艺界名人就和平解放北平一事召开座谈会，徐悲鸿首先打破沉默，与会代表纷纷响应，起到促使傅作义下决心向共产党投诚的作用。

说起这件事，廖静文不免有些后怕："当时悲鸿去开会，我一个人在家等着，也很担心，北平艺专有好几个悲鸿的老学生也到我家里

1949 年徐悲鸿受周总理委派出席世界保卫和平大会。这是中国代表团在布拉格的合影

来等消息。因为打不打可能就是这一次会议来决定了。我们等了很久才把悲鸿等回来。悲鸿把情况向大家讲了以后，大家都高兴了，觉得傅作义是真诚地征求意见，不是表面的，所以大家都放心了。他要不是真诚地征求意见，是表面征求意见，那他就不会让这些主张不打的人都回家，他要是假的就会把这些人抓起来。所以悲鸿回家以后，把那个情况一讲，大家都觉得北京和平解放的希望已经就在眼前了。果然是这样，没有几天，北平就宣布和平解放。"

听到这个消息，侯一民也十分激动，他对徐悲鸿的崇敬之情更深了。"第二天我就知道消息了，那天晚上很有戏剧性，这个傅作义一提出来征求大家对北平怎么办的意见以后，没有人敢讲话，冷场很长时间，徐悲鸿先生第一个带头。为了北平的历史文物不被破坏，为了北平的几十万人的生命免遭涂炭，建议傅作义将军接受共产党的和平谈判，和平解决北平的问题。多么有胆识，他（徐悲鸿）第一个讲了这个话以后，第二个站起来讲话的是北大的一个历史学教授，叫杨人梗。他说'我完全支持徐悲鸿校长的这个意见，如果傅作义将军能够接受这样的一个意见，和平解决北平的问题，我作为一个历史学家，我要在中国历史上为傅将军大书一笔。'第二天冯法祀就把这个事情告诉我了，我也就立刻报告我们地下党的上级领导，这个就是徐悲鸿这个人在关键的时候的骨气。徐悲鸿说，人不可有傲气，但是不能没有傲骨。他性格有两面，一方面那么天真，一方面又在原则问题上那么勇敢。"

1949年1月31日，北平市民在一片欢腾中庆祝北平的和平解放。徐悲鸿与从陕北解放区来的故友一一重逢：周恩来、田汉、郭沫若、沈钧儒、沈雁冰、郑振铎、李济深、柳亚子、翦伯赞、洪深……这些志同道合的朋友让一辈子坚持自己人生信念的徐悲鸿内心感到无比畅快。他出身贫苦，靠自我奋斗改变命运，对旧中国底层老百姓一直充满同情，如今，对新中国的向往让他再次提起画笔，画下尺幅巨大的奔腾骏马，并在画面上题诗："百载沉疴终自起，首之瞻处即光明。山河百战归民主，铲尽崎岖大道平。"

1949年3月，徐悲鸿作为新中国的代表应邀前往布拉格出席第一届世界保卫和平大会。就在会议举行期间，中国人

《在世界保卫和平大会上》
1949年

民解放军进入国民党政府所在地南京的消息传来。代表团团长郭沫若此后上台代表新中国演讲，他说道："中国人民解放军的胜利是对世界和平的重大保障。"话音一落，全场爆发出热烈的掌声。徐悲鸿在现场亲身感受着这一切，回国后，他运用大量的速写和高超的默记能力，创作了著名的中国画《在世界保卫和平大会上》。

和平是经历过惨痛战争的人们最为希求和渴望的。徐悲鸿自己也曾在战火中几经辗转，如今，为这来之不易的和平而创作，徐悲鸿夜以继日，倾尽心力，刚画完便病倒了。热烈盼望着为新中国工作的徐悲鸿此时并不知道，病痛的阴云正悄然而至，医生说，他有半身瘫痪的先兆。这一年，徐悲鸿54岁，在新中国成立后刚刚被任命为中央美术学院院长，当选为全国美术工作者协会主席。

回归平和

徐悲鸿从童年、青年到中年，似乎一生都不曾停止过奋斗。他像个战士，热血奔涌，忠于职守。他面对权贵，从不低头，面对不公正与非正义，充满愤慨，挺身而出。正如他笔下的奔马与雄狮，他对于国家民族在危难之时的情感是赤诚的。他一生勤俭，同情贫苦百姓，追求世间真、善、美，并将这份情怀——见诸笔端。他为了践行改良日渐式微的中国画的理想，力求通过艺术救国，可以说呕心沥血，甚至付出身体和生命的代价。即便躺在病榻，他的目光依然是坚毅的，不服输的。唯独在新中国成立之后，徐悲鸿似乎终于回归了平和。

从徐悲鸿晚年的照片中，可以看到他少有的平和的笑容。而只有从他身边最亲近的人、他的家人、他的学生所回忆的他们印象中徐悲鸿晚年的岁月，也许才能让人体会到他对于新中国的认同是多么由衷，也只有真正发自内心的喜悦才会让这样一位曾经全身长满刺的人，变得

徐悲鸿与画家齐白石、吴作人、李桦

柔和下来。

走过动荡的战乱年代，徐悲鸿在和平时期开始全身心地投入艺术探索和美术教学。

虽然徐庆平六七岁时徐悲鸿就去世了，但童年记忆中的父亲却深深地铭刻在了他的心里。"我记得小的时候，只要各个画店有了新收到的作品，画店就会派人来找我父亲。每一个星期起码有两三次，有时候是天天来。他们认为画得好的，马上就拿来。那个时候是一个蓝布的包袱皮，搁到里面这么一卷夹着，就来找他，就到他的客厅看画，在他那桌子上，或者挂在他那个起居室里面就看，只要是他认为好的就赞不绝口，马上就买了。当时，他是一级教授。新中国成立以前，他也是全国最有名的教授，薪水是很高的，但是我们家里没现钱，就先赊着，或者什么时候发工资就把那钱给他们，所以他手里没有钱的，那个钱直接就去买了画了，甚至还要跟人家借钱买。那么这些画他要去鉴赏，他还要自己亲自到那些画店去看有没有好画，我也曾经跟他去过个把次。"徐庆平在回忆解放初期徐悲鸿的生活时，寥寥数语就勾勒出一个爱画如命、视钱财为身外物的画家的形象。

"他跟我们不睡在一个屋子，他单睡一个屋子，那个屋子冬天不开暖气的。他的血压高，没有药，他也怕燥。可他从小就能吃苦，所以他那个屋子是单独把暖气关起来的，他睡觉的屋子很简陋，就是一张床，一个床头柜，一柜子的纸，那个屋子很小。那个床头柜上头，常常摆着一本碑帖，我记得是《爨宝子》。他很喜欢碑，特别是北碑、魏碑，他很喜欢书法，就是睡觉之前也要进行艺术欣赏，来放松一下。他的一生就是这样和艺术紧密相关。"

在徐庆平的回忆中，徐悲鸿当时仿佛已经过上了很多骚人墨客梦

徐悲鸿与廖静文、徐庆平

寐以求的生活，收藏、品鉴名画佳作，每日读书，研读碑帖。但事实上，这个时候的徐悲鸿并没有出世，反而活得非常入世。他受到了毛泽东、周恩来等国家领导人的重用，参与了中华人民共和国国旗、国徽、国歌的制定工作，还与那些重要的领导人一起，站在天安门城楼上见证了1949年10月1日的开国大典。在中国人民政治协商会议闭幕后，周恩来总理亲自任命徐悲鸿为中央美术学院院长。紧接着，全国第一届文艺工作者代表大会又选举他为中国美术家协会主席，可以说，54岁的徐悲鸿，已经坐上了新中国美术界的第一把交椅，成为一代画坛领袖。

　　然而，就在这些耀眼的光环下，作为有血有肉的人，徐悲鸿又有着寻常百姓的一面。平日里，为人处世，他是那样的淡定、谦和。在对徐庆平老师的采访中，听着他像拉家常似的回忆父亲的种种，被这种强烈的反差深深感动，瞬间感到这位大师仿佛就是邻家一位平易近人的长辈。

我记得特别有意思的一件事，有一天他从外边回来，带了一个挑着挑子的人回家。这就是当时的一个民间艺人，捏泥人的，捏那种面人的。他在街上见到这个人，觉得很了不起，就把他带回家，就像招待特别尊贵的客人一样，请他吃饭，请他喝茶、聊天，然后呢，请他在家里面，做一个面人。一个仙女，就是那种身上都是那些带子的仙女，比例准确，一条一条的带子在那儿飘动，那真是了不起啊。做了整整一天，中午就在家里跟我父亲一起吃饭，然后付他应有的报酬。这个小面人一直和他从国外带回来那些世界名雕一样，都摆在他起居室的柜子里面。

还有很多事情，比如我印象特别深的，小时候有一次有人找他，是一个画画的人，衣衫褴褛。那个时候新中国刚成立嘛。当时我们的院子很深，听到那边有吵闹的声音，说传达室的人不许他进来，就在那吵起来。我就跟着我母亲出去看，一看是个来找我父亲的人，那人是在北京的一个照相馆画布景的，他画了以后照相馆不给他钱，说他画得不好，他就找我父亲来了。他说一定要找一个画得最棒的人证明他那画是画得好的，就来找我父亲。我父亲就叫我母亲去看一看，顺便找了我父亲的一个学生，他的一个助教，在北平艺专教油画的戴泽先生。他们两个人去看了以后，我母亲回来告诉我父亲，说确实画得好，这个人画油画，他学过点正规的油画，和那些土油画，或者是那些没学过画的人画的背景当然是不可比的。我母亲说不光她看了，她还请戴泽先生也一起去看了，都觉得确实是画得好，但是那个老板就是不给他钱。我父亲后来就替这个画家去打官司，就是帮他证明这画确实画得好。你想这些事他都管，每天找他的人不计其数，都是穷学生、穷画家，各种各样的人，他都很热情地去接待，只要跟艺术有关系的。所以我说他就是为艺术而生的，他自己形容他说他爱画入于骨髓，就是他爱画爱到骨头里去了。所以他在中央美术学院填写一个履历表，干部都要填履历表，填有何专长那一项的时候，他填了一句话，知道鉴别古今中外艺术的优劣，这是他对自己的评价。廖静文女士介绍说，徐悲鸿被委以重任其实是党中央对他的很大的信任，因为徐悲鸿并不是党员，"这说明当时的领导很尊重知识分子，对知识分子是信任的。悲鸿也很感动，所以中央美术学院成立以后，他就更加注意要把中央美术学院办成第一流的最好的学院。"

作为中央美术学院的第一任院长，徐悲鸿继续推行写实主义的艺术教学方法，与后来的著名画家蒋兆和建立起来的中国美术教育模式"徐蒋体系"，一直沿用至今。写实主义绘画非常符合新中国成立初期的时代需求。相比起抽象的现代主义绘画，写实派画作造型清晰，老百姓一看就懂，因此，当时的中央美院为新中国培养了一批又一批美术人才，画下了祖国大好河山，宣传了英雄劳模，鼓舞了建设社会主义新中国的士气。这也正是早年的徐悲鸿去法国留学，主动选择在欧洲已经过气儿的写实主义，所追求的艺术报国的理想。如今，他的理想正一步步得以实现。

廖静文女士说："那一段时间是徐悲鸿最兴奋、最高兴的时期。

《梅花》1943 年

所以尽管他身体不好，有高血压，他依然坚持跋山涉水，去体验生活，去基层写生创作。"

　　1951年，在抱病为抗美援朝的中国志愿军义卖20幅奔马，并寄往朝鲜战场后，徐悲鸿又拖着病体去了山东导沭整沂水利工程工地为民工画像。"他画了很多劳动模范的肖像，又想创作一幅新的《愚公移山》，描画下新中国的水利建设，因为山东这个水利建设导沭整沂，就是要把这沭河、沂河连起来，就要挖一座山通过，所以他说是新的愚公移山。"

　　廖静文女士是晚年徐悲鸿的知音，她非常理解爱人的心情，但又格外担心他的身体。毕竟，在他们结婚前夕，她就已经亲眼目睹丈夫曾经病得多么严重，医生甚至悄悄告诉她，徐悲鸿有可能只能再有十年的寿命。作为妻子，她如何不揪心："尽管这时候他的血压高，病没有好，但是他很兴奋，带着病下去，跟工人同吃同住，睡帐篷，睡在工地，吃在工地，然后去画那些工人怎么开山挖河，为最突出的一些工人画像。悲鸿始终说，中国人民是世界上最优秀的人民，不怕吃苦。我记得我送悲鸿上火车，当时中央美术学院派了两个助手跟他一起去，因为他身体不好，美术学院就给徐悲鸿买了一个软卧，给两个助手买了硬卧。悲鸿一向不讲究排场，说他们能坐硬卧他也能坐，他就把那软卧退掉，跟两个助手，一个是他的助

1951年徐悲鸿到山东水利工地体验生活并为民工画像

徐悲鸿在美院的教学课堂　　　　　徐悲鸿参加政协会议时的合影

教，一个是中央美术学院做保卫工作的干部，跟他们两个一样，睡的硬卧。这也可以看到，悲鸿做人的纯朴。他不讲究地位，不讲究要什么待遇。他回来以后，热情很高，马上想要画那个工地的大画，画新的愚公移山。但是他毕竟已经有十年的高血压了呀。"

　　妻子的担心不是没有道理，就在徐悲鸿准备创作大型油画《当代愚公》时，突发脑溢血，导致半身瘫痪。遗憾的是，这幅《当代愚公》在他头脑中构思良久，却终究未能被画在纸上流传于世。

　　采访中，廖静文女士对徐悲鸿怎么得的这场大病记忆犹新："因为悲鸿多年高血压，我怕他睡不好觉，所以我不跟他睡在一个房，因为有了两个孩子，我带着儿子、女儿睡在另一间房，他一个人睡一间房。平常他都是起得最早的一个，起来就工作，他的习惯是不管接到谁的信，第二天就回，所以他起得早，把头天的信都回完。然后等我起来了，我们就吃早饭，吃完早饭他就去上班了。他从导沭整沂工地回来以后，正准备要画那个大画，那天早晨，他没有早起，我就以为他出差太累了，让他多睡一睡，没有去叫他。但是我等了又等，他一直没有起来，我觉得有一点不正常，就走到他房门前轻轻地推开门看，看见他睁着眼睛躺在床上，我就问他怎么了？他就告诉我，夜里

158

感觉头部抽了几下，他就觉得一边腿和一边手都不太能动了。"

　　徐悲鸿被紧急送往医院救治，在医院一住就是四个月，此后又在家休养了将近一年。就是在这种情况下，他还惦记着美院的教学工作，执意要妻子扶着他去学校看看。去了之后才发现，学生们画素描时已经不再使用他主张的法国学院派常用的炭精笔，而都改成了苏联美术院校时兴的硬铅笔。这个现象令他感到非常遗憾，他对廖静文说："病了一场损失太大了，我一定要挽回。"

　　新中国成立初期，什么都要学苏联老大哥，连中央美术学院也来了一位苏联专家当副院长，他们主张使用铅笔画素描。而徐悲鸿在法国留学时画素描用的都是炭精条，他认为用这种工具可以更好地体现块面的阴影。

　　徐庆平细心地解释了一下这种炭精笔的特点："你看他（徐悲鸿）那些素描，画得非常精细，有的那小的素描连那个脚上的一条条的筋都能看得很清楚，那么劲道的素描都是用炭精条画出来的，一种像小手指头这么粗的素描工具，四方形的，所以像一块石头一样。它的法国名字翻译过来就是黑石头。他用那个黑石头的四个尖角，勾出非常细的线，力透纸背的线。既不是用铅笔画的，也不是用炭精笔削尖了画的。所以他后来说，他笑话那些个学用铅笔，削的尖尖的铅笔才能画线的人，说他们的笔都可以当武器了。实际上不用那种笔，用这么粗的炭精条他照样可以画出线，还比铅笔画得更细，又结实，又有力。这四根尖，因为你画线不断被打磨，磨了以后就又变成一个面了，这个面根据他磨的时间的长短和用力的大小就可以形成不同大小的面，所以他再用它来打线条的时候，就可以打出不同粗细的线条。然后打大的面的线条，他就抓明暗交界线，打几个线条手一擦，就结束了。"

　　在徐悲鸿纪念馆中，珍藏着许多大师用这种炭精条所画的素描，

1953 年徐悲鸿与廖静文合影

其中还有几幅以年幼的徐庆平作为模特的画面。生在一个艺术之家，徐庆平从小在父亲的熏陶下耳濡目染，长大后，立志走上了艺术道路，靠自己的努力学习法语，考上联合国教科文组织的一份公职，被派驻到巴黎工作。他也用自己毕生的精力研究和传承着父亲的艺术。而这样一位伟大的画家父亲为自己亲笔画下的肖像，自然成了激励自己的最珍贵的纪念。

我亲眼看他给我画过像，纪念馆现在有一张，他给我画的一张肖像，也经常展出。那个时候我很小，但是我记得非常清楚。那一天，我们住的那个房子，他的那个起居室，就是他的客厅，是在一个高台上面，一个门，还有一个纱门。每天我就跳上跳下地到院子去玩。我正要去推那个纱门出去的时候，我父亲把我叫住了。他说："哎，你就站在那儿别动。"我就很老老实实站在那了。他说："你就站一会儿不要动，就是站在那。"我也不知道什么事情，他就画起来了。他到晚年时候的那个技巧啊，笔在他的手里就像那毛笔一样，不带改的，素描也同样的，就这么勾，顺着勾、顺着勾，这个形象勾着就出来了。我当时 5 岁，一个 5 岁的

小孩再老实他在那儿能站几分钟啊？就那么快，勾勾勾，完

了，就这样。他把那个工具已经掌握到跟自己的手一样了。

　　徐悲鸿从法国带回深厚的西方绘画技法的基础，他渴望全部教
给学生们，让他们也能具备写实主义精准的造型能力。可是苏联时
兴的削得极尖的硬铅笔让学生们的素描变得过于光滑，这样细磨细
擦，把感觉都磨钝了，画面也难免显得呆板。徐悲鸿看到这种情况，
立刻召集素描教师开会，要求教师们改变这种素描教学法。这在当
时全国上下正崇拜"苏联老大哥"的特殊环境下，还是一个相当敏
感的问题。可惜，徐悲鸿还没来得及如他所愿改变这种素描教学法，
便倒在了工作岗位上。

不曾瞑目

1953 年徐悲鸿先生像

1953 年 9 月 23 日，中秋节前夕，徐悲鸿担任第二届全国文艺工作者代表大会的执行主席，亲自主持会议。许多文化名流、学者汇聚一堂，周恩来总理也亲临现场。当天的工作与交流活动让徐悲鸿十分兴奋，他从早忙到晚，没有顾上歇一口气。就在当晚，他再次突发脑溢血，被送往全国最好的北京医院抢救。还在家里准备着中秋节饭菜的廖静文一听到消息立刻赶到丈夫身边。"我到的时候，悲鸿问了我一句话，说孩子为什么没有来？他最惦记这两个小孩，儿子差一天满 7 岁，女儿 5 岁半。所以他问孩子为什么没有来，还用手比就是要写遗嘱。当时急救站的人跟我讲，他们听了徐悲鸿的心脏，没有问题，摸了他的脉搏也正常，呼吸也正常，说没有危险，你让他休息，不要写。我就让他休息，没有让他写。当时的北京医院是最好的干部医院，因为有苏联专家，1949 年以后中国各个领域都请了很多专家，医学领域也请了苏联专家，北京医院就有。其实回头看，刚解放的时候，一切向苏联学习，中央美术学院也请苏联专家。那医院也一样，把徐悲鸿送进医院，不是请中国医生看，而是派车去郊外友谊宾馆接苏联专家来看。当时不让我进病房，这是医院规定的，家属不能进病房，要经过医生确诊以后，我在外面等了半个小时，也不让我进去。我当然很着急，后来我也不管他们，就自己跑进去了。跑进去看见一个苏联大夫，叫悲鸿张开嘴看嗓子，检查嗓子喉咙。我就跟他讲，我就说，'专家，他没有别的毛病，你不要检查了，你赶快急救，他是脑溢血，他别的病都没有。'他当然听不懂我的话，翻译翻给他听，当时的苏联专家都很骄傲，他听了以后，就很不礼貌地对我说，'治病是我的事，你不用管。'就这么一耽误，我进去不久，悲鸿就恶心要吐了，悲鸿指着一个脸盆叫我拿脸盆给他，他这时候还很清醒，我拿脸盆给他，他就使劲地吐了。一吐以后，他就昏迷了，不知道了。因为吐会使破了的血管出血更多，要抢救就很困难了。当时是大形势，只认苏联专家，苏联什么专家水平都比中国的好。连我也是这样跟潮流，认为悲鸿送到那个北京医院一定是最好的大夫看。所以他死了以后，我一直后悔，不断地谴责自己。很多年以后，直到今天，我还是想不通，他不应该在 58 岁就死，连我都活到 88 岁了，也没有经苏联专家看过病。"

　　当时说到这里，摄制组对廖静文女士的采访已经持续了四个多小时，见她说到悲伤处，情绪难以平复，急忙让摄像师停下来，请 88 岁高龄的廖女士先休息一会儿。眼前这位从 19 岁便陪伴在徐悲鸿身边的女性，丈夫的英年早逝对她情感上的打击可想而知。然而，她却在徐悲鸿去世后用自己的一生守护着他的作品和遗愿，守护着他们的爱情，那份坚韧与执着怎不叫人心生敬佩。如果没有她，也许徐悲鸿的很多作品流传不到今天。"文化大革命"期间，徐悲鸿纪念馆也曾遭到红卫兵的骚扰和破坏。正是这位带着两个幼子的弱女子恳求周恩来出面，派人将包括《愚公移山》等徐悲鸿的重要画作转移到故宫博物院藏起来，才保全了大部分珍贵的原作躲过了"文革"的浩劫。廖静文虽然非学画出身，却对徐悲鸿的每一幅作品都非常熟悉，大部分作品上面都有画家亲笔写下的几个字："静文爱妻

《雪》1936 年

存。"这几个字里有着怎样深沉的爱与歉疚，徐悲鸿不能再陪伴妻儿，只好把所有画作留给他们。

休息片刻，语速虽慢，但头脑非常清晰的廖静文女士继续在镜头前诉说起来："悲鸿很不幸的就是他死得太早了。58 岁，太年轻了。如果他能多活 10 年或者 20 年，我想他会画更多的画，也会培养更多优秀的画家。这是我很难过的一件事，也是我没有法子代替的事。悲鸿在会上脑溢血之后就死在医院，我在医院守了两天三夜。悲鸿是个很坚强的人，他生前不论任何困难，他都要克服。所以这两天三夜，我想他一直是在挣扎中。不到最后，他不会停止呼吸。通常一般高血压死都是很快，但是他两天三夜才死，说明他的性格，他一定是在挣扎，两天三夜，对病人是一个很长的时间，而且死的时候，他是睁着眼睛的，没有闭上眼睛。说明他不愿意死。有很多死的人，很安详地闭着眼睛，但是悲鸿那么有毅力的人，他挣扎到最后，不能活了，他也不闭眼睛。我能够了解他。"

1953 年 9 月 26 日，徐悲鸿与世长辞，享年 58 岁，去世时不曾瞑目，像是还有对人间无限的留恋与不甘，也许，以徐悲鸿的性格，实在不愿意向死神服输。毕竟 58 年的一生实在是太短暂了，他还有多少未完成的创作和美术教育的理想？他一

《钟馗》1938 年

生如奔马，不曾停息过奔腾的脚步，如此短暂的生命让他如何能甘心呢？倘若徐悲鸿再多活 20 年，也许他对于中西融合的国画改良的探索还会有新的突破，他的不朽杰作还将更多。

命运就是这样莫测，但似乎也暗含着某种必然。回顾大师的一生，上天似乎在造就一个天才的同时，也让他经受多舛的命运。

如果没有经历过童年的苦难、少年的磨砺、青年的颠沛流离、壮年时期的潜心创作和在美术教育上的呕心沥血，就不会有那样撼人心魄的作品和作品背后传递的精神力量与坚定信念。从最初立志改革颓败的中国画到远赴欧洲求学寻找方法，从选择写实主义绘画道路到建立以素描为基础的美术教育体系，从一个画家到画坛领袖，徐悲鸿注定是独一无二的。

廖静文在徐悲鸿去世后，将他所有的画作与收藏捐献给国家，让更多的人能够来到徐悲鸿纪念馆观赏和学习大师的作品。

今天，社会迎来了艺术的百花齐放，中国的当代艺术抽象绘画一度掀起国际追捧的热潮，以至于在徐蒋体系下完成中国学院派美术专业教育的很多人，开始怀疑徐悲鸿所推崇的写实主义是否阻碍了中国当代艺术的发展。是徐悲鸿错了吗？不，文化本就多元，时代需求各有不同。今人又如何能以当代的环境去评价徐悲鸿的时代选择呢？不论后人如何评说，徐悲鸿都在中国最为特殊的百年，践行着一代巨匠方能完成的使命。

遗作流芳

　　2011 年 7 月，辽宁省博物馆与徐悲鸿纪念馆共同主办了"永恒的艺术 —— 徐悲鸿绘画精品展"。这是国内近年来最大的一次徐悲鸿个人画展，81 幅精品画作让观众集中领略了大师的非凡艺术成就。

　　摄制组也到现场拍下了人头攒动的展会盛况，在徐悲鸿去世 58 年之后，他的作品对中国观众依然具有强大的感召力。当时 88 岁高龄的廖静文女士也亲临现场。如今她也离我们远去了。

　　当年，在大师去世之后，她做出了一个让世人钦佩的决定，将徐悲鸿留给她和孩子的全部作品捐献给国家。虽然，当时很多人认为，徐悲鸿身后留下这孤儿寡母，她如果多少卖一些画，或许不至于生活得过于拮据。但是，廖静文还是决定一幅不留，全部捐出。后来，由周恩来亲自批示，建成徐悲鸿纪念馆，廖静文任馆长。她从此守候着这批遗作，并毕生致力于推广徐悲鸿的艺术。

　　徐悲鸿的女儿徐芳芳，在父亲去世时只有 5 岁，随后和母亲迁居新街口的徐悲鸿纪念馆，伴着父亲的遗作长大。她在采访中说："我认为我母亲当时做了一件非常对得起我父亲的事。我父亲的作品如果不是因为她捐献给国家，成立徐悲鸿纪念馆，那么就不会幸存到现在。而且作为一个纪念馆的收藏来说，它必须是相当有代表性的作品，而且要有各个时期的主要的作品，徐悲鸿纪念馆有 1200 多幅，它的主要的油画、国画跟素描，这样一个规模的收藏，对于我父亲作品的展出跟研究来说，是永久的。如果她没有这样做的话，那么现在人

《傒我后》（油画）1930~1933 年

们对徐悲鸿的了解跟他的影响也许不会这么深入广泛。徐悲鸿纪念馆的收藏是世界上对徐悲鸿收藏作品数量最多、最有影响，也是质量最高的。"

的确如徐芳芳所言，如果母亲廖静文没有做出当年捐画的决定，徐悲鸿的遗作恐怕无法保存得这么完好。

在徐悲鸿纪念馆收藏的大师作品中，有一幅名画《傒我后》。这幅创作于 1933 年的油画，表现人民因不堪忍受纣王的黑暗统治，盼望周武王来解救他们的场景，是徐悲鸿以贫苦大众作为主体创作的又一幅中国历史题材的巨幅油画。而就是这幅名作曾在战乱时期的颠沛流离中差点儿被遗忘、损毁。

大师的学生戴泽回忆说："《傒我后》是什么情况呢？它是在抗战前画好以后，就挂在中央大学的大礼堂。本身中央大学的大礼堂是很神气的，在这样的外国建筑上挂上这样一幅很有民族气概的油画，很提气的。后来经过了八年抗战，三年解放战争，一直到徐悲鸿去世，没有人想起这张画，都忘了。老师去世后，可能是吴作人吧，想起来了，说那个地方还有一张画，让南京师范学校的人把那张画给寄来看看。师范学院的人就把那张画给卷起来装到木头箱子里给寄来了。在徐悲鸿纪念馆的筹备会上，我们打开一看，什么都看不见了，那个布也糟了，布一拉就破了，什么都看不见，还直往下掉油画颜料渣。当时有吴作人、艾中信等人，他们看见都呆住了。当时的美术学院党委领导遗憾地摇摇头，就说看来这个不行了，算了算了。我当时也在旁边，就鼓起勇气说，这样吧，我来试一试，修复，修修再说。于是，他们都同意了。后来我经过一个礼拜，把它给新粘在一张布上面，然后慢慢洗、弄、搞，在那贴，然后再补一点，把它补出来一看还可以，就把它给展出了。前几年，纪念馆有了一笔基金，就请了法国人来又把它给重修一遍，修得非常好。"

在徐悲鸿的遗作中，油画的数量原本就很少，大师去世后存世的作品都成为永远的孤品，不可复制了。这幅中国题材的油画《傒我后》要没有徐悲鸿的亲人、学生如此悉心的呵护，根本不可能被保存下来，重新与大众见面，更不可能成为日后研究徐悲鸿的又一重要的参考素材。

相比起徐悲鸿 1930 年创作的第一幅中国历史题材油画《田横五百士》来说，《傒我后》更具现实性。它的主题由歌颂英雄的忠烈高洁转向了贫苦百姓的艰难生活，视角则完成了由贵族到贫民的转换。而这种对底层民众的关怀意识，恰恰是欧洲古典主义绘画所缺失的。

在改良中国画的探索中，徐悲鸿是多么希望在中西之间架起一座桥梁，让艺术成为人类共有的财富。

《侧目》1939 年

2011 年 10 月，在大洋彼岸的美国丹佛市，"徐悲鸿 —— 现代中国绘画的开拓者"画展同样盛况空前。丹佛美术馆馆长克里斯托弗 · 亨里希（Christoph Heinrich）在采访中谈到了他对于徐悲鸿遗作的认知："徐悲鸿曾计划在美国办画展这件事是非常有意义的，他曾在欧洲办画展，从而让欧洲人知道了他和他的作品，但他从未在美国办过画展。20 世纪 40 年代，他原本要到美国来办展，当时展出内容都已确定了，也印刷了展出目录，但不幸的是二战爆发了，当时在哈佛的这场展出也被迫取消。70 年后，经历了诸多的历史变革，人们走近他的作品，一定会与 20 世纪 40 年代的看法不同。因为现在，我们

《喜马拉雅山》1940 年

已经见过很多中国当代艺术家和他们非常有创新精神的、美妙的作品。当你和他们交谈的时候，你总能听到'徐悲鸿一直是我的榜样'这样的话语，或者他们可能就是师从于徐先生。所以，我知道徐先生总是在不断地影响着他们。70年后我们见到的这一代艺术家都是在这样的大师开创的体系之中逐渐成长，作品逐渐成熟的，这就毫无疑问是最大的不同了。"

"我觉得另一个不同之处就是，现在世界愿意去了解中国，他们非常想要了解中国的文化和历史。美国人、欧洲人，频频到中国旅游，就是因为他们好奇，他们想去了解那里的文化，想去了解众多的地域，乃至中国的传统。对于美国众多的观众来说，这些美丽的水墨画是很有价值的，因为这些作品真的讲述了许多中国的传统文化，这是能够吸引我们观众的一些关键因素。能让他们知道这些作品是怎么完成的，怎样能用一种颜色来表现得如此丰富，能够唤起人们对其他色彩的想象，能涵盖如此宽广的色彩范围，并且创造氛围与想象空间的多样性，我认为这些都是能让当下的观众非常感兴趣的一方面，可能也会引起许多当代艺术家的兴趣。在每个艺术馆中，总会有一些有兴趣了解别人作品的艺术家，就像当年的徐悲鸿去帕拉尔多、去伦敦国家美术馆看他敬仰的大师的佳作一样。"

这便是伟大的艺术家，虽然他的生命短暂，他却留下了不朽的作品。那些呕心沥血的创作，力透纸背的精神力量又如何不会打动能够感应到它的人们呢？这里不分空间，不分种族，唯留艺术所提炼出的真、善、美。

第五章｜解读悲鸿

摄制组有幸采访到了许多文化艺术界的专家、学者、美术评论家和画家。对于徐悲鸿，他们每一位都说出了自己多年研究、思考之后的解读，这不仅对于电视工作者具有重要的启发作用，更是激励观众、读者最理性的声音。

悲鸿影响力

徐悲鸿虽然英年早逝，但他的影响力却延续至今。

中国美术馆研究员刘曦林在接受采访时说："他（徐悲鸿）本人的魅力，以及他的艺术作品对于青年人的影响，对于整个20世纪中国美术的影响，都通过他的友人和学生传递了出来。"

的确，徐悲鸿可以说是桃李满天下，而他的学生，很多都在日后成为著名的画家和美术教育家。他们继承恩师的衣钵，分布到全国各地，推进写实主义绘画的精神，影响了中国大江南北的美术教学。

刘曦林写过很多研究中国美术史的著作，身患喉疾的他在镜头前讲了两三个小时，顾不上喝一口水。他系统地介绍了徐悲鸿在中国美术教育方面的影响："比方说，蒋兆和与徐悲鸿就是亦师亦友的关系。1949年后，蒋兆和是中央美术学院人物科的主任，他在中国画的教学上调整了徐悲鸿的教学体系，以白描为基础，适当地吸收西洋素描的科学因素，来充实中国人物画的表现能力。实际上是沿着徐悲鸿的这个体系往前演化了，对传统有进一步的尊重。"

今天人物画的成就离不开徐悲鸿和徐悲鸿这个体系，离不开徐蒋体系对中国人物画的影响。每个人都经过严格的素描训练，你说哪个人物画家没学过素描？但是最后问题的反思也从他们反思开始，也从他们曾经忽略过的临摹功夫来算起，所以他们后来都补充了临摹课，补充对传统的传承这部分。徐悲鸿重视传统，但是临摹课的数量在当时受到了局限。越是到了新时期越是体悟到这一点，我们如何去开放地吸收西洋画的长处，又坚守中国画的民族本色，国学在中国画的造型里边所体现出来的书法的问题、文人画的修养问题，如何在人物画中得到体现？所以在这个问题上来讲，他的影响是世界性的。我们对他的长处的吸取和把握，对他所曾经遇到问题的反思，都

《印度男人》1940 年

离不开他们的教学原则，和他们曾经走过的曲折的道路，或者离不开他们的经验和教训。所以这个影响是巨大的。

对徐悲鸿自身来讲，我认为他的成就最高的是他的素描，可以说是中国古今以来素描第一人。素描画得多么坚实，又多么简练，没有沉溺在那个三大面、五大调子周全的塑造的过程中。如果中国的素描一直沿着这条道路走，对于民族画的中国油画，对进一步强调中国特色的中国画的益处当然是非常重要的。另外一点就是他的中国画。徐悲鸿只活了五十几岁，虽然人生短暂，但是他已经取得了相当的成绩。他有几件历史性的作品，大作、扛鼎之作，在那个年代画《九方皋》，画《愚公移山》，不仅是思想主题深刻，更是当时社会的需求。

如果说过去徐悲鸿在艺术道路上的选择正好符合了当时社会的需求，那么，是不是现在他的艺术主张就过时了呢？中国国家画院副院长张江舟在采访中这样回答道：

我始终感觉，且不说徐蒋体系发展到今天其实还有很大的发展空间，单说徐悲鸿倡导这种现实主义创作方法，关注人类命运，国家命运的这种主流创作方式，在今天仍然有巨大的价值。

今天虽然生活很好了，生活很富裕了，国家日益富强，但是这种精神，是不是过时了？一点都不过时。我们需要这种精神，而且越是经济社会高度发达，我们越缺少这种精神。大家经常谈到这个问题，似乎物质在膨胀，精神在萎缩。现代人的精神在滑落，这是大家的一种共识，就是现代文明进程带来

《谢女士》1941年

的可能是人类理想的一种滑落，或者人的精神的一种滑落，这是商品社会，经济发展带来的一些负面的东西。而徐悲鸿在绘画中所倡导那种关注人类命运、关注国家危亡、关注民族危亡，这种主流的精神形态，在今天仍然是需要坚持的。

就在接受采访前不久，张江舟正创作关于 1919 学生运动的画作，当时，有记者提问，现在年轻人是不是都不需要这种精神了？张江舟不假思索地告诉记者："不管需要不需要，不管年轻人喜欢不喜欢，我们这个社会，我们这个国家、我们这个民族、我们这个时代，不能少了这种精神。什么精神？就是英雄主义的情结，理想主义的精神，这种东西不能少。"

今天摄制组重做关于徐悲鸿的纪录片，与众位专家一起重新解读徐悲鸿，这种英雄主义情结和理想主义精神正是徐悲鸿身上最核心的特质。张江舟也说："在这两方面，徐悲鸿就是一个典型的代表。"

对徐悲鸿的误读

中国美术研究院研究所副研究员杭春晓，是一位年轻的 70 后美术史博士。也许他在研究那个百年的时候，更多地带上了当今年轻人的视角去看待 20 世纪的大师。

我们有时候感慨那个时代真是众星璀璨，那么我们首先要认识到那个时候的西风东渐并不是任何一个力量压倒性的一种东渐。所以在这里面，既有强调用西方的写实来改造中国绘画不擅长再现与描写的艺术主张，同时也有捍卫文人画的价值和追求中国传统文化中那种书写体验式心灵感受的人群，并且这两种思潮都活得挺好。在这个立场上我们来看徐悲鸿，他在西风东渐的立场上，他只是代表了在这样的一个领域，一个多元化、一个混融的时代中的某一种看法或主张，而这种看法与主张在一定程度上引入了西方的造型，确实在一定程度上改造了中国画。

徐悲鸿成功了，他是成功在多元线索下的一条线索。但是由于后来的历史的演变，把这样的一个多元线索中的一条线索，放大为整个一个时代性的选择，我们恰恰背离了那个丰富多彩的西风东渐的时代所具有的多重可能性的空间，而走入到一个单一化的历史描述中。所以徐悲鸿的幸运在于他被放大为一个在所有逻辑线索中，特别是在教学领域中的人物。但是他的悲哀也在于他被如此放大的时候，不可避免地被掺杂着对他本人的误读，其中最大的误读就是把徐悲鸿也理解为了现实主义本身。

实际上，徐悲鸿对现实有一种积极介入的情绪，但是他介入的方法不是直接对现实进行表述，直接对现实进行呈现和呼喊，他更多的是通过他自己个人心中所具有的那种浪漫的英雄主义色彩的东西来传达他对现实的感受。所以在他的绘画中我们会看到的不是一个直接的现实场景，那么，被挡了一层什么呢？挡了一层内在的充满着浪漫情怀和英雄情怀的徐悲鸿，比如说他的《雄狮》、他的《奔马》、他的《愚公移山》。他渴望成为一个这样的英雄，所以他的画面中横着一个想当英雄的徐悲鸿。当我们把他理解为现实主义本身的时候，这样一个充满着个人浪漫色彩的英雄在画面中被隐退了，雄狮直接成为像冲锋号一样的口号，愚公移山直接成为一种精神。而这恰恰是徐悲鸿的悲哀，因为他的艺术的伟大不是在于对现实的直接的干预能力，而是在于它进入现实中时有着那种美的情绪和体验。这个体验的主体是他本人，而不是一个工具化的图像。我们在徐悲鸿的作品中是能看到那种充满个人英雄主义色彩的那种情绪的。但你把它理解为一个放大了的单一线索以后，徐悲鸿就成了一个简单化的现实主义鼻祖的形象，你会发现那个像极了冲向风车的骑士的、充满了浪漫色彩与英雄情怀的徐悲鸿在画面中就消失了。

对徐悲鸿的这种英雄主义，在我看来，恰恰是徐悲鸿作为一个历史人物，他所具有的魅力所在。可一旦把徐悲鸿固定为一个形象，一个看法的时候，那么反而使我们被遮蔽，而无法真正走进徐悲鸿丰富的世界。

杭春晓博士在采访中提到的有一点，是摄制组非常认同的，那就是，今天，徐悲鸿值得人们重新去关注，值得人们重新去体验，而不是把他仅仅看成一个单一的、不接地气的大师。

首先把徐悲鸿还原成一个简单的、普通的人。他在一个什么样的时代？他在一个充满着多种可能性的，有着西方文化影响，有着东方文化坚守的一个时代。充满着各种各样的人群的时代，在这个人群的时代中，他试图通过自己个人的努力，来实现某一个线索上的成功。这也就是为什么我们在创作纪录片的过程中，把更多的笔墨围绕在徐悲鸿的人生故事上，放在他个人的命运起伏与时代的交叉上。我们侧重叙述徐悲鸿是个有血有肉、情感丰富的人，在他波澜壮阔的一生中创造出非凡价值与成就，同时也留下无数遗憾与叹息。人的一生不可

《楷林蹦》1940 年

能是完美无缺的，然而，能在一条线索上取得成功，对于短暂的生命而言，恰恰是最为难得的。

当然在任何一个线索上获得成功的同时也会丢失一部分东西，这也是徐悲鸿在中国画的改造上带来的一种值得警醒，或者值得审视、值得反思的一面。杭春晓博士随后又对徐悲鸿的艺术进一步进行了客观的分析："他倡导的对于造型的这种体验，来强化中国画对于客观物像的再现能力的表达，固然具有它的价值，但是他恰恰忽略或是损失掉了什么

《鹰扬》1939 年

呢？中国画的观看经验是一种把时间进行折叠的观看经验，在中国画的传统中，从唐宋绘画到元明清绘画一直都没有一个固定的时空，时间和空间是可以被折叠的，正如在中国戏剧中一甩袖千山已过，不是在一个固定的时空观看的经验。而中国画最伟大的和最重要的就是这样的一种观看经验。通过我们观看一个山川，我们观看一个物像，这个物像会在我们一闭眼的时候，在不同的时间观照下，它会形成一个最大的特征化的视觉形态；如果把这个视觉形态固定为一个绘画样式，就会变成一种程式化的观看经验。"

如今，艺术品市场日渐国际化。在许多权威性的"春拍""秋拍"中，中国画不断创出拍卖价格的新高。这不能不引出关于这样一个问题的思考：究竟应该怎样欣赏传统国画，又怎样看待 20 世纪初的那些中国艺术巨匠们对改良中国画所做出的不遗余力的探索呢？这就不能不去了解改良之前的中国画面貌以及那个产生改良思潮的时代。

悲鸿式改良

对于发生在 20 世纪的中国画改良运动，中国美术馆研究员刘曦林在采访中打了一个有趣的比方："有一天，我脑子里一直思考这个问题，然后就做了一个梦。梦里，那几位重要的艺术大师在一起踢足球。徐悲鸿和林风眠踢前卫，那么，中国队的后卫是谁？是黄宾虹，把门的是齐白石，也就是说传统派是处于守势，西洋画、西学派是处于攻势。"

刘曦林说，20 世纪之中国是个大动荡、大变革的时代，可谓史无前例。

历史上任何一个时期都不像 20 世纪经历了这么多的事情，西学东渐，内部革命，帝国主义的入侵，中国人民的对外抗战，中国内部的斗争和内部的建设、内部的改革，那是一个激烈动荡变革的时代，也是个前进的时代。但是这个时代在文化上经历了不少波折。在 20 世纪初，西学东渐的风越吹越烈，清朝日益衰亡，辛亥革命刚刚发生，"五四"运动就接着爆发，一批文化人不满于中国的现状，要起来救国救民，提出很多政治主张，其中一个就是全盘西化论。因此才有人提出相反的对立的观点，国学论，以国学治国。救亡图存有这么两条道路，发生了激烈的论证，就是说这个西学和东学之间有着激烈的斗争，激烈的矛盾。这是以前没有遇到的，或者即使遇到也没有过这样激烈的。

1918年，徐悲鸿的老师康有为出版了《万木草堂藏画目》。他在序言里讲，国朝之画衰败到了极点。过了一年，陈独秀和吕徵于1919年《新青年》杂志上发表以"美术革命"为题的通信，两人各写了一篇。信中，陈独秀也说近世中国画衰败到了极点，要革文人画的命，革"四王"的命，革文化

《人物》（局部）中期

的命，只有吸收西方的写实主义，就像文学那样，才能表达个性，才能有所创造，才是唯一的前途。

在这样的形势背景下，有很多老先生主张沿着中国艺术自身的道路走。当他们批判文人画的时候，陈师曾出来说话了，撰写了《文人画的价值》一文。1921年，日本画家大村西崖到中国访问，又做了一个关于文人画的报告，介绍文人画或者叫南画在日本受到的冲击。本来日本这个文脉也是沿着中国文人画这个路在往前走的，从院画到文人画的路在转换，但是日本也遇到西洋美术的冲击，这个报告引起了曾经留学日本的陈师曾的共鸣。他写了关于中国文人画的研究文章，一篇白话文、一篇文言文，谈文人画的价值。文中提出文人画就是用艺术来表达艺术家的思想、感情和感想，要有感而发，不拘泥于形式，要不然我们要艺术干什么？要

照相机就可以了。但是照相机始终不能代替艺术，代替文人画的价值。

陈师曾最先站出来为中国画说话。当年的黄宾虹，也站在中国国学的立场上，他们当时组成了国学保存会，出版相关的刊物，组织社团聚集大批文化人，坚持传统派主张。所以20世纪的中国画出现了两条道路或者三条道路，一条道路沿着传统的文脉，沿着中国画自身的规律往前走。另外一条道路是把西洋画引进来代替中国画。当时新兴起的艺术学校里都包含两个科或者两个系，一个是国画或者叫中国画，一个叫西画或叫洋画。还有一条道路，就是对中西两条路进行折中，试图在西洋画的基础上吸收中国的东西，在中国画的基础上吸收西洋的东西。

徐悲鸿应该说是属于第三条道路的代表人物，因为他小时候有国学的启蒙，又在父亲的教导下有中国画的根基，有书法的根基，甚至古诗文的根底都是有一些的。他后来又到日本去旅游、考察，到法国留学八年，回到国内从事美术教育，形成一个徐悲鸿教学体系。后来在人物画里边又演化成一个徐蒋体系。他们的基本思路就是中西合并，或者叫中西融合。后来他们实际上是在中国画的基础上来吸收西洋画，改革中国画，因此也引发了争议。

徐悲鸿在二十几岁就写文章《中国画改良论》，提出"古法之佳者守之，未足者增之"，好的东西守住，没有的东西补充进来，徐悲鸿提出这样一个中国画改良的原则时，才二十几岁，但已经具有相当的影响力。

在教学当中提倡以素描作为中国画的造型基础，徐悲鸿的这套对

《立马》1943 年

何霙春风飘酒旗宛同蛱蝶梦中飞刘怜帝阙严恩宠不许分香到紫薇

静文爱妻赏之 辛巳大暑城德鏖战死伤三百万之际悲鸿居星洲览此秀色人尚有远甚于此者噫嘻

《紫兰》1941年

素描结构的认识，对线和面的认识非常适合中国画的学习。到了蒋兆和的时候，甚至于进一步提出用炭条来画素描，更接近中国水墨画的表现。那时，他们已经在考虑怎样通过素描实现中国画进一步的格调和造型结构能力的提升。但是这个问题是有争议的，后来，徐悲鸿的学说也在不断地发生着演化。

人们都拿徐悲鸿的中国画改良论作为他的艺术的基本主张，但是刘曦林却发现，1948年徐悲鸿又写了一篇文章：《中国画的复兴论》。此时，他不提改良了，其早年的改良说被他渐渐调整了，应该说徐悲鸿自身也在不断地调整，充实自己学派一些基本的内容。在这个复兴说中，徐悲鸿更加尊重传统，他认为中国古代的文化是有光荣传统的，孕育了很多优秀的作品，这个传统是要继承的，要复兴它，至于怎么复兴，徐悲鸿还是坚持他的主张。研究中国古代的传统，把好的传统继承下来，"未足者增之，不佳者改之"，而西方画可采用者融之。在这个时候他仍然是沿着这样一条思路继续探索。

经过一百年来的演化，看今天的中国人物画时，要想承载重要历史题材的创作任务，表达民生这样一个社会主题，光靠文人画的笔墨程式是远远不够的。但是如果把中国画画成西洋画，那就走向了另外一个极端。所以徐悲鸿并没有走完他自己的艺术探索之路。

那么，中国画到了20世纪，在整个中国画坛处于什么样的状况呢？刘曦林接着介绍："首先，中国美术的格局发生了改变。由于西洋美术的传入，展览会这样一种方式得到提倡。1929年，在上海举办了民国时期教育部主办的第一届全国美展。当时叫'第一次全国美术展览会'。这时候，展会基本上包括中国画和西画两大部分。中国画又包含中国书法、古今书画。西洋画则分为水彩、水粉，更主要是油画。另外，摄影、建筑、工艺也在其中，整个中国美术的格局呈现出一种现代格局，中国画和西洋画平起平坐，不再是中国画

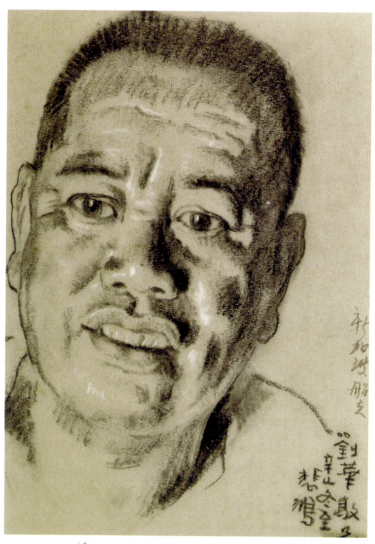

《新加坡船夫》1941 年

唯我独尊了。"

"在这样一个情况下，如何以正确、开放的态度来对待西洋艺术，站到民族的历史上充分地尊重和发扬中国艺术，这个辩证关系怎么把握呢？"

介绍完20世纪初中国美术格局的演变，刘曦林教授随后进一步阐述了他关于徐悲鸿是"中国画改良界足球场"上的"前卫"这一有趣的比方：

> 在徐悲鸿以前，我们前辈有一种思维方式叫非此即彼，要不拿西洋画来改造中国画、代替中国画，要不你把西洋画打走，不要西洋画的东西，但是实践后才渐渐开始发生了中西融合的现象。这种融合有两种：一种以西学为基础，西学为本，中学为用。另外一种就是中学为体，西学为用。谁为体谁为用，这使中国的文化和中国的艺术出现了"百花齐放，百家争鸣"的局面，非常活跃。所以，在我看来，徐悲鸿就是在将西洋绘画和中国画相融合，或者吸收西洋画，改良中国画，或者叫复兴中国画，他是一个前卫，当时是属于前卫派的。中国的前卫派，但是在西方来讲，已经是传统派了。在这个时候整个世界的文化背景，在徐悲鸿留学那个时代，现实主义思潮已经开始兴起，学院派的东西他们认为已经过时了，但是中国民主革命的需求，建设一个新的中国的需求，对写实主义艺术提出了要求。这个是为什么呢？政治家要求用写实主义来表达中国现实，反映中国历史。就像商品广告，你画得真实了，老百姓也容易接受。
>
> 艺术上，中国文人画走到一个极端之后，要完成写实的

这样一个课题，也遇到了困难。所以当时就先有文学革命论，接着有美术革命论。美术革命的重点对象就是传统文人画。传统派自卫的重点是中国的文人画。因此中国的文人画在这个时代里边发生了分化，一部分画家固守着传统的路子，传统的山水花鸟，养吾浩然之气，四君子画多么好，隐逸的山水画多么高洁，多么高雅啊。而有批画家在做文人画的改革，把现在的形势加入到文人画里面去。有一部分艺术家在中国传统文人画之外有一种写实的院体绘画。其实，中国写实绘画在宋代就达到了高峰，那时候以宫廷里文士的肖像和历史画居多，我们称之为"人物故事画"，而不叫历史画了。但这时候，为了现实社会生活的需求和现代社会的需求，要吸收西洋画的写实主义手法，所以徐悲鸿所提倡的写实主义，今天看来，就是现实主义。那会儿不叫现实主义，但其实写实主义与现实主义在当时是一个概念。徐悲鸿同时还提出了关注造化、关注现实和关注人生的问题，关注国运的问题。这完全是一种现实主义。

由此可见，徐悲鸿的艺术思想和他的艺术主张是一致的。所以在这个问题上，我们说徐悲鸿是把西洋画引入中国画的一个代表，他和林风眠、蒋兆和、李可染，再加上刘海粟，这批人是吸收西洋画使中国画走向新的方向的一个代表人物。吴昌硕、齐白石、黄宾虹、潘天寿，是使中国传统的文人画走向现代的代表。

中国国家画院的副院长张江舟在接受摄制组采访时，更将徐悲鸿对改良中国画所作出的贡献提升到"尊严"的高度："他实际上使中国画找回了尊严。我们都知道，中国画，尤其是文人画，是中国的一种传统文化，但是实际上在世界范围内，很多地区，尤其是西方国家对中国文人画真正的内涵是领略不到的。加上中国画的这种相对比较快捷的制作方式，写意画的这种一笔草草的表现方式，经常会给外国人带来很多误解，认为中国画很潦草，很随意，缺少绘画性。所以我认为徐悲鸿的出现，建立了中国画的一种尊严。"

时代造就悲鸿

中国国家画院院长杨晓阳在接受纪录片《百年巨匠》摄制组的采访时，对徐悲鸿的艺术探索历程以及他开创的徐蒋体系作了一个非常全面的概括。

徐悲鸿在当代中国美术发展史上是一个转折性的人物，也可以说是开启性的人物。从徐悲鸿开始，使前一百年来西画的传入更加系统化。他亲自到西方去学习，然后回到国内以后，他开辟中西结合的路子，成为一直影响到中国当代美术的一个主流。他在西方受到系统的油画教育，古典画法方方面面他学得比较扎实，他从西画整个创作体系出发，展现艺术和生活的关系，从写生到构思、到创作、到表现、到构图，包括中间的一些学科的系统的研究，比如说解剖学、色彩学、构图学、透视学等等，这些都是西画的古典画法支撑因素，而他都研究得非常系统和透彻。回国以后他参与到当时美术教育的创办中去，在好几个美术学院，作为院长也好，教授也好，作为后来的一代教育大师，包括他自己的创作，以及他的油画创作最后到兼攻中国画，都是在把中西结合的画法传扬开来。因此，徐悲鸿先生的英年早逝真是非常可惜，他刚刚跨入大师之门就由于身体原因离开了我们。

徐悲鸿先生从他学习到引进西画的整个体系，以及自己的教学和自己的创作，他是非常完整地走完了自己的一生。

他所开创的徐蒋体系从基础训练、基础课程的设计、基础训练的时间，到基础的写生对象的设计方面都非常完整。尽管早年可能是一个学习班，后来可能担任一个系主任，再后来又担任一个组织者，但是他的这个系统是非常明确的。

《玉簪花》1943 年

　　属于徐蒋体系的代表作品应该说是蒋兆和的《流民图》，但是徐悲鸿自己的很多创作都渗透了中西结合的方方面面的因素。我觉得徐悲鸿在自己建立的教学体系里实施教学，包括自己的创作及理论研究。比如说"宁方勿圆，宁脏勿净""尽精微，致广大"，这些在他的语录中都是非常有名的，现在看来这些原则都是牵扯到很深的美学范畴的一些问题。到现在为止，其实都不能说他的这个体系被其学生完全领悟到了，因为很多问题就出在对徐悲鸿的思想理解不够深入、不够透彻。所以徐悲鸿当时坚持的一些原则，如果坚持下来，估计现在对他的评价还要高得多。

　　到目前为止我认为在新中国成立前后，跨越一百年，能够超过徐蒋体系的，系统的、完整的体系是没有的，比如说我们古代的中国画的系统是完整的，我们引进西画的传统是完整的，但是当下中国既不同于古代，又不同于西方，那么当下中国画的主流和根源在哪里？就在徐悲鸿。虽然徐悲鸿和蒋兆和先生他们一前一后，互相影响，但或许更多是蒋兆和受到他的影响，或者是受到那个时代，那股风潮的影响，如果没有前面的徐悲鸿，我觉得蒋的创作可能也达不到这样完整的程度，而徐悲鸿先生在自己的创作基础训练、教学以及画论，这所有的一切对后世的影响没有人可比。

我觉得我们这个时代的一些画家，没有一个不受到这个系统的影响。尽管说我们是苏联体系，实际上苏联体系是一个技术体系，从创作方法、创作理念，一直到创作实践教学理论，还是徐悲鸿的体系最完整。我觉得他开启了中国现代现实主义美术的先河。他是一个开拓者，或者说他是一座高山，他是一个大师，这样的评价都不为过。当然任何一座大山并不是唯一，任何一个大师也还有后人对他有突破、有发展。但徐悲鸿是不能代替的。

徐悲鸿的画法和他的体系在中国美术史上，前无古人。我认为后人都是在他的基础之上发展而来的。中国的传统跟徐悲鸿体系有很大的区别。

徐悲鸿在去西方学习之前，受到中国的传统教育，应该讲是很系统的。他的出身、他的家庭，他所经历过的方方面面，使得出国之前，他的人格塑造其实就已经完成了。他在出国之前所处的时代是西方列强瓜分中国的时代，他看到了西方对中国的这种强势，也感觉到中国画的弊端。比如说他曾经明确表示，他对中国近代两百年人物画非常不认可，他以为近代中国已经没有人物画了，除了像任伯年这样的少数画家，还有一点写生能力，有一点表现当代人物的，其他的人物画已经灭绝了。为什么呢？由于从我们的封建社会走下坡路以后，异族统治，社会动乱，人物画的主题鲜明了以

《渔夫》1926 年

后，经常惹来杀身之祸，中国在唐宋以后，尤其在明清，名人画的系统非常有成就，而文人画的这个系统的成就主要在山水花鸟画。为什么？因为山水花鸟画既能抒发自己的情怀，又不至于惹来杀身之祸，不食人间烟火，我自己表现我的闲情逸致就好。在世界范围内文人是一个特殊的阶层，这个阶层基本上由两种人组成：一种是仕途渺茫，他们最后归宿山水，钟情笔墨；还有一种，就是家有万贯，他们对现实不满，也不愿意出来做事。这两种人构成了中国画的文人画系统和文人阶层。而这个文人阶层，对人物画基本不去涉及了。

《牛浴》1938 年

但最能表现现实生活，最能直接关注民族危亡的，还是人物画。徐悲鸿在中国学不到人物画的时候，他就向西方去学习。现在看来，我们可以做这样的设想，他去学人物画，是为了表现他的现实生活，表现他对当时中国现实的一种看法。照他这种才能，要是在山水花鸟上去发展，他也不会是没有成就的画家。但是在人物画上

面，他去西方学了油画，又把油
画的一些能够表现现实的因素加
入到中国画里面来，创作了一种
彩墨，在那个时候就叫彩墨。现
在看来还是中国画的一个分支，
只不过是"中欧化"的工具、笔
墨，甚至还有很多中国画的要素，
加入了西方的所谓科学的因素，
形成一个新的品种。这个品种当
时是合适的，现在也有很多人在
延续。

《风雨鸡鸣》1937 年

　　至于徐悲鸿为什么会选择这
样一条道路，我觉得，就是因为他是为人生而艺术。他是非
常有个性的、有民族气节的画家。虽然在西方学习，但是他
去西方之时，就没有拜倒在西方政治经济和文化的脚下，他
完全是取有用的东西，在他的画中也能体现出来，西方有用
的东西我们把它拿来，我们自己好的东西我们留下，不好的
东西扬弃，西方好的东西加入，这个思想是非常明确的，最后
形成了徐悲鸿的体系。

　　至于徐悲鸿受到的西方绘画艺术的影响，可以从 18 世
纪之前讲起。以真为美，古希腊哲学已经给艺术定义有这么
一层意义。艺术是什么？艺术是生活的一面镜子，能够完整
地、真实地反映生活的现象，这就是绘画的主要任务。当然，
在亚里士多德那个时代，也有更重视人的深层次感受和理
念，人对这个世界独特的看法，而不是像镜子一样，表面地

反映生活。但是后来发展到徐悲鸿这个时代，无论从西方，还是我们直接借鉴的苏联，自然主义者都不是完全地反映生活的表象。

徐悲鸿处在这么一个时代，由于政治经济的落后，使得中华民族对自己传统文化有一种不满意，在这个时候，向西方学习，引进西方的现实主义，或者叫作现实主义中间的写实画就显得尤为突出。这里要特别说明一点，就是写实画法不一定就是现实主义。现实主义也不一定是写实画法。因为这个写实画法完全可以表现神话，可能表现的是圣经故事，表现的是宗教，不能说写实画法就一定是现实主义，但是现实主义往往采取写实的手法，比如俄罗斯巡回画派和法国 17

《泰家后院》1940 年

《鸡鸣寺》1931 年

世纪以来的现实主义，就是用写实的画法表现所见所闻，就是周边的生活，他生活环境中间一点一滴的瞬间。现实主义创作方法和写实表现手法在中国几十年往往容易被混为一谈，这个必须把它严格地区分开。

至于徐悲鸿引进的写实画法为什么能在中国这么快被艺术界接受，被中国的政府接受，被这个时代接受，我觉得跟中国到了最危急的时候有关系。因为在中华民族的生死存亡已成头等大事，成为一个最大的问题的时候，文艺是什么？文艺的最大作用是什么？应该说文艺在这时候已经变成了一种武器。

毛泽东在延安座谈会上讲，文艺应该成为打击敌人、消灭敌人的武器。成为武器的这种美术，最容易被大家接受的是写实画法，是现实主义创作方法。你画得真实，大家能看得懂，你是表现现实的，跟每一个人的生死存亡息息相关。徐悲鸿引进了西方画法，结合中国画的画法，就能让已经在欧美成为过去式的写实画法到了中国还能刚刚兴起。为什么？因为广大的劳动人民要看得懂，而且在我们这个时代，个人价值是要通过国家的价值来体现的，此时，必须让大家看得懂，并且画的是我们看到的现实。于是现实主义的创作方法，写实的表现方法就成为主要的主流画法。

我想，是这个时代造就了徐悲鸿，也是他个人的天才适应了这个时代，所以使得徐悲鸿在这个时代不可替代。

中华民族作为一个大民族，它实际上落后只有两百年。在明代的时候，中国的经济很强、中国的版图很大，甚至在清代的中期，中国的版图和军事都很大很强。但是作为一个社会形态，它也有它老化、死亡的一天。封建社会必然灭亡，这是社会规律所决定的，任何一个生命都有它的发生、发展、壮大，最后也有它的灭亡。那么徐悲鸿这一代人处在中华民族最低潮的时候，作为有一定的文化修养，有一定的留洋经历的大家，他对自己民族处在这样的一个积贫积弱的状况是不满的，他学习西方不是为了拜倒在西方的脚下，他完全是拿来西方科学的东西，为我们所用。实际上他的目标已经达到了，徐悲鸿可以说是有一个无悔的人生。

参考书目

◎ 徐悲鸿、王振:《徐悲鸿书信集》,大象出版社,2010 年。

◎ 徐悲鸿、张竟无:《徐悲鸿谈艺录》,湖南大学出版社,2009 年。

◎ 蒋华强:《徐悲鸿的啸马悲歌》,东方出版社,2008 年。

◎ 徐悲鸿、徐庆平:《奔腾尺幅间》,百花文艺出版社,2008 年。

◎ 蒋碧微:《我与悲鸿》,漓江出版社,2008 年。

◎ 杨先让:《徐悲鸿艺术历程与情感世界》,齐鲁书社,2010 年。

◎ 徐悲鸿:《悲鸿随笔》,江苏文艺出版社,2007 年。

◎ 徐悲鸿:《中西笔墨:徐悲鸿随笔》,北京大学出版社,2010 年。

◎ 戈巴:《徐悲鸿PK徐志摩》,湖南美术出版社,2010 年。

◎ 廖静文:《徐悲鸿传》,中国青年出版社,2010 年。